Kerstin Diacont

Das Problempferd

Ursachen erkennen
Praktische Hilfe für Pferd und Reiter

Die Deutsche Bibliothek –
CIP-Einheitsaufnahme

Diacont, Kerstin
Das Problempferd
Ursachen erkennen – Praktische Hilfe
für Pferd und Reiter / Kerstin Diacont. –
München ; Wien ; Zürich : BLV, 1999
    (BLV Pferdepraxis)
    ISBN 3-405-15510-x

BLV Verlagsgesellschaft mbH
München Wien Zürich
80797 München

© 1999 BLV Verlagsgesellschaft mbH,
München

Printed in Germany
ISBN 3-405-15510-x

Bildnachweis

Kerstin Diacont
Seiten 7, 8, 11, 12, 13, 14, 18, 20,
21, 22, 26, 27, 28, 29, 30, 31, 34,
35, 43, 46, 47, 49, 51, 53, 54, 56,
57, 58, 59, 60, 61, 66, 72, 74, 76,
79, 91, 94, 98, 102, 103 oben, 106,
108
Archiv Diacont:
Karin Anders: Seiten 4, 16, 41, 44,
55, 70, 71, 82 – Peter Sowada:
Seiten 15, 23, 32, 68, 69, 73, 75,
78, 84, 89, 96 oben, 98, 103 –
Peter Steding: Seite 98 – Wilhelm
Löwenstein: Seiten 67, 96 unten –
Rachel Closset: Seite 47
Christiane Slawik: Seiten 4, 5, 6, 10,
33, 39, 42, 64, 104
Lothar Lenz: Seite 100

Grafiken: Kerstin Diacont

Umschlaggestaltung: Werbeagentur
Sander und Krause, München
Umschlagfoto:

Layout und Satz:
Kerstin Diacont, Neu-Isenburg

Herstellung: Manfred Sinicki

Lithos und Filmbelichtung:
Lanarepro, Lana bei Meran
(Südtirol)

Druck und Bindung:
Neue Stalling, Oldenburg

Zeichenerklärung

Richtung einer
Bewegung des
Reiters

stellender, kurz
angenommener
Zügel

verwahrender
Zügel

verwahrender
Schenkel

Schenkeldruck

Gewicht:

●● beidseitig belasten

●○ einseitig belasten

○○ entlasten

Bewegungsrichtung
des Pferdes

wichtiger Punkt,
Stelle, an der etwas
geschieht

Dank an:
Karin Anders, Rachel Closset,
Peter Sowada und Peter Steding
für die Hilfe bei der Fotoerstellung

Kerstin Diacont

Das Problempferd

Ursachen erkennen

Praktische Hilfe für Pferd und Reiter

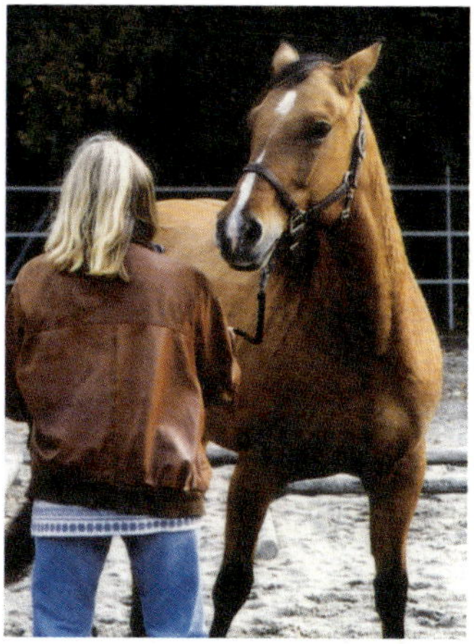

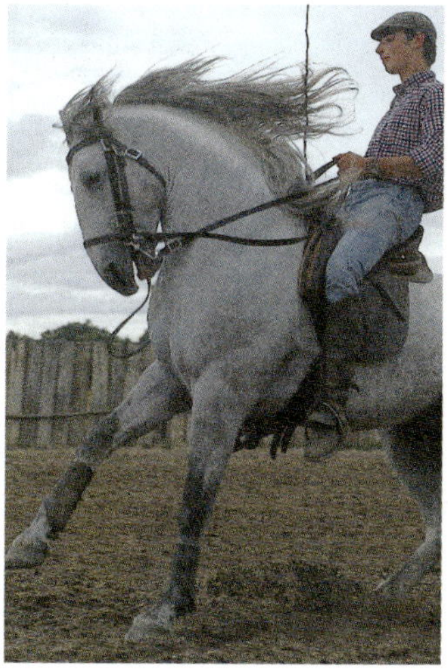

Kein Pferd ohne Probleme

Gedankenlosigkeit,
Bequemlichkeit und
mangelnde Konsequenz
verursachen Probleme.

Wer keine Probleme hat,
macht sich welche – indem
er sich ein Pferd anschafft.
Nicht vom Pferdevirus
infizierte Außenstehende
schütteln im Allgemeinen
verständnislos den Kopf,
wenn sie Pferdeleuten beim
Gespräch über die vielfältigen Schwierigkeiten mit
ihren Vierbeinern zuhören.

Zeitbomben und Pflegefälle

Die Skala reicht vom vierbeinigen Pflegefall, der ständig verletzt oder krank ist, bis zur lebendigen Zeitbombe, die seinen Reiter dauernd in Angst und Schrecken versetzt.

Das Gros der Schwierigkeiten bewegt sich irgendwo dazwischen. In fast jeder Reiter-Pferd-Kombination klemmt es an irgendeiner Stelle. Das Pferd läßt sich nicht verladen oder auf der Weide nicht einfangen. Es ist im Gelände nicht zu halten, es ist wasserscheu, schreckhaft oder hypersensibel. Es ist rüpelhaft, tritt Ihnen auf die Füße, gibt die Hufe schlecht, drängelt aus dem Zirkel heraus, lässt sich nicht longieren oder nicht anbinden. Von ganz harmlosen Mätzchen reicht das Repertoire bis zu lebensgefährlichen Untugenden. Selten gibt es nur ein einziges Problem bei einem Pferd und oft liegen die Ursachen und auch die Abhilfe dort, wo man sie am wenigsten vermutet. Manche nicht erwünschten Verhaltensweisen des Pferdes mag man als Reiter noch tolerieren, andere müssen aus Gründen der Sicherheit konsequent unterbunden werden.

Nun ist ein Pferd kein Roboter und wird immer persönliche Eigenarten haben, die uns gefallen, und andere, die wir nicht so besonders mögen. Wir müssen uns darüber im Klaren sein, dass wir nicht die Persönlichkeit unseres Pferdes ändern können. Aus einem schweren, trägen Pferd machen wir keinen leichtfüßigen Araber und ein von Natur aus sensibles Pferd wird rüde Behandlung nicht auf Dauer wegstecken. Doch der grundsätzliche Charakter und das Exterieur des Pferdes stehen hier nicht zur Debatte. Damit müssen wir leben – dieses spezielle Pferd haben wir uns schließlich ausgesucht und gekauft. Wir können jedoch jedes Pferd so erziehen und gymnastizieren, dass es sich am Boden und unter dem Reiter gut benimmt und in jeder Situation angenehm zu reiten und zu handhaben ist. Doch das kostet Zeit und Arbeit – und besonders, wenn schon Probleme aufgetreten sind, auch etwas Gehirnschmalz. Pferde mit exterieurbedingten Schwierigkeiten oder schwierigem Temperament stellen die Geduld des Reiters manchmal auch auf harte Proben, doch in der Regel zahlen sich Mühe und Geduld aus. Sie haben vielleicht ein paar Wochen oder Monate Zeit investiert und können sich ein (Pferde-)Leben lang an einem sicheren und angenehmen Pferd freuen.

Es gibt viele kleine Untugenden, die

Der friedliche Schein trügt oft; selbst das „liebste" Pferd kann bei falscher Behandlung zur Gefahr werden.

von den meisten Reitern gar nicht als solche gewertet werden. Das Pferd zappelt z.B. beim Aufsteigen herum oder rempelt Sie an, wenn Sie es führen. Das wird dann mit „die Stute hat einfach viel Temperament" oder „der ist ja noch so jung" entschuldigt. Häufig ist das jedoch der Anfang von viel gravierenderen Problemen. Irgendwann lässt Ihre „temperamentvolle Stute" Sie gar nicht mehr aufsteigen und der junge Rüpel rennt Sie bei nächster Gelegenheit über den Haufen, weil er keinen Respekt vor Ihnen hat. Und wenn das Pferd am Boden keinen Respekt hat, so wird es das oft auch nicht haben, wenn Sie draufsitzen – was dazu führt, dass Sie im Sattel keine ausreichende Kontrolle über das Pferd haben. Als „Reiter von Pferdes Gnaden" sind Sie dann der Gutmütigkeit Ihres Pferdes ausgeliefert. Erstaunlich oft geht das trotzdem gut – weil die meisten Pferde gutmütig sind und viele Fehler verzeihen.

Andere Probleme entstehen aus Gedankenlosigkeit. Der Reiter denkt sich nichts dabei, wenn das Pferd beim Ausritt immer mal wieder ein Blättchen vom Baum zupft – und wundert sich dann, dass das Tier seine Aufmerksamkeit nicht auf ihn und seine Wünsche richtet. Schlimmstenfalls fällt das Pferd mitsamt dem Reiter auf die Nase, wenn es nicht auf Weg und Hilfen achtet, sondern nur Fressen im Kopf hat.

Mancher Reiter findet es auch nicht weiter schlimm, wenn sich sein Pferd nicht gut verlangsamen oder biegen lässt; nach dem Motto „ich will ja nur spazieren reiten" scheut er die manchmal langweilige Gymnastizierungs- und Erziehungsarbeit und ist dann erstaunt, wenn er sein Pferd irgendwann kaum noch halten kann oder wenn das Tier durch falsche Belastung Probleme mit den Sehnen oder im Rücken bekommt.

Oft ist auch Bequemlichkeit der Grund für ungezogene Pferde. Wenn ein Pferd immer wie ein geölter Blitz in die Box hineinschießt, sobald es Futter darin vermutet, scheuen viele Reiter den Aufwand es mehrmals wieder herauszuholen und so lange zu üben, bis es vernünftig hineingeht. Aus Sicherheitsgründen ist es jedoch notwendig, so etwas zu unterbinden, andernfalls findet der Reiter sich eines schönen

Auf diesem idyllischen Foto sieht man einen häufigen Fehler: Dem Pferd sollte nicht erlaubt werden bei jeder Gelegenheit mit der Trense zu fressen.

Tages zwischen Pferd und Boxentür eingequetscht, weil er dem Pferd im Weg gestanden hat.

Manche Unarten sind Pferden auch regelrecht anerzogen. Wenn Sie im Gelände einen speziellen Weg grundsätzlich galoppieren, so wird Ihr Pferd daraus ein Gewohnheitsrecht ableiten und auch dann angaloppieren, wenn Sie das ausnahmsweise nicht wollen. Wenn das Pferd sein Tempo draußen immer selbst bestimmen durfte, brauchen Sie sich nicht zu wundern, wenn es schlecht kontrollierbar ist. Gott sei Dank können Sie die meisten Unarten dem Pferd genauso wieder abgewöhnen, wie Sie sie ihm angewöhnt haben – es wird nur Geduld und Konsequenz erfordern.

Andere Probleme entstehen aus mangelnder Durchsetzungsfähigkeit des Reiters. Wenn sich das Pferd weigert irgendwohin zu gehen, sollten Sie genug Durchhaltevermögen aufbringen um Ihre ursprüngliche Forderung durchzusetzen. Nicht mit brutaler Gewalt, sondern mit Geduld, Ruhe und einem gewissen Maß an Sturheit. Es kann am Anfang eine Weile dauern, bis Sie Ihr Pferd überzeugt haben, doch Sie haben damit dann dieses Problem – und viele zukünftige ähnliche Schwierigkeiten – im Griff. Das Pferd weiß dann einfach, dass Sie sagen, wo's lang geht und eine Weigerung nicht akzeptieren. Hat

jedoch bei der ersten Auseinandersetzung dieser Art das Pferd gewonnen und darf die Richtung bestimmen, dann merkt es sich dies und versucht immer wieder seinen eigenen Kopf durchzusetzen.

Latente Angst vor dem Pferd führt bei so manchem Reiter dazu, dass er dem Pferd einiges durchgehen lässt, was zu den obigen Verhaltensmustern führt. Angst ist nicht schlimm – und manchmal sogar (über-)lebensnotwendig, doch sie darf nicht dazu führen, dass das Pferd solche Auseinandersetzungen gewinnt. Fühlen Sie sich einer Situation reiterlich nicht gewachsen, so versuchen Sie sie zu vermeiden – und falls das nicht mehr möglich ist, steigen Sie ab und versuchen die Kontrolle vom Boden aus zu behalten.

Nicht nur der Reiter muss mit seiner Angst umgehen können – auch das Pferd muss lernen seine natürliche Angst zu kontrollieren und sie nicht in unbeherrschtes Davonstürmen umzusetzen. Sie als Reiter können das Pferd lehren seine Angst im Zaum zu halten – und schaffen sich damit eine Menge potentieller Probleme vom Hals.

In diesem Buch sollen nun häufige kleine und größere Schwierigkeiten behandelt werden. Grundsätzliche Zusammenhänge und Verhaltensweisen werden im ersten Teil in allgemeinerer Form erläutert, bevor im

zweiten Teil gängige Probleme mit Korrekturvorschlägen aufgelistet werden. Oft gibt es mehrere Ansatzpunkte und Lösungen – manche vom Boden aus, andere unter dem Reiter, manche besser und manche schlechter für dieses spezielle Problem oder diese spezielle Reiter-Pferd-Kombination geeignet. Alle erfordern sie jedoch hauptsächlich logisches Denken, Geduld und Konsequenz. Da die meisten Probleme beim Reiten weitgehend vom Sattel aus gelöst werden müssen, werden ein unabhängiger Sitz des korrigierenden Reiters und das grundsätzliche Verständnis für das Zusammenspiel der Hilfen in diesem Buch vorausgesetzt.

Die Schwierigkeiten sind in einzelne Bereiche mit ähnlichen oder gleichen Lösungsansätzen zusammengefasst. Da viele Problembereiche zusammenhängen und einige Symptome auf verschiedene oder mehrere Ursachen zurückzuführen sind, sind die einzelnen Bereiche schwer gegeneinander abzugrenzen und mit vielen Querverweisen versehen.

Sinnvollerweise sollte das Buch einmal ganz gelesen werden um sich einen Überblick zu verschaffen, wie die Problembereiche strukturiert sind und wo was steht. Im „zweiten Durchgang" kann dann selektiv nach bestimmten Lösungen gesucht werden.

Grundlagen und Ansatzpunkte

Basiswissen für eine
sinnvolle und effektive
Korrektur.

Korrekturen bei
Widersetzlichkeiten oder
unerwünschten Reaktionen
und Verhaltensweisen des
Pferdes können an verschiedenen Punkten ansetzen.
Je nachdem, ob die
Schwierigkeiten grundsätzlich eher psychischer oder
eher körperlicher Natur
sind, wird der sinnvolle
Startpunkt für die Korrektur
ein anderer sein.

MANGELNDE KOMMUNIKATION

Viele Probleme entstehen aufgrund mangelhafter Kommunikation mit dem Pferd, reichen dann aber sowohl in den psychischen und/oder emotionalen als auch in den körperlichen Bereich hinein.

In den nachfolgenden Abschnitten über allgemeine Verhaltensmuster und körperliche Gegebenheiten bei der Gattung „Pferd" will ich einen kurzen Überblick über Ansatzpunkte geben.

Verhaltensmuster

Bewegungen und Angstreaktionen des Pferdes „in den Griff bekommen" – hier auf unsicherem, wippendem Grund.

Pferde reagieren nach grundsätzlichen Verhaltensmustern, die für die gesamte Spezies Pferd gelten. Menschen reagieren nach etwas anderen Mustern und neigen dazu, menschliche Verhaltensmuster auf Pferde zu übertragen. Probleme in der Mensch-Pferd-Beziehung entstehen deswegen sehr häufig durch Missverständnisse. Wenn Sie jedoch die Verhaltensmuster von Pferden kennen, verstehen und nutzen, helfen sie Ihnen bei der Vermeidung und auch bei der Lösung von Problemen.

Nachfolgend das Wichtigste:

Das Herdengefüge

Pferde sind Herdentiere. Die Herde bietet dem einzelnen Pferd Schutz.

Dafür muss es sich in die soziale Ordnung der Herde einfügen. Diese soziale Ordnung begründet sich auf einer festgelegten Rangfolge. Das klügste und stärkste Tier (Alphatier) steht an oberster Stelle und darf sich diverse „Frechheiten" gegenüber allen anderen herausnehmen. Es frisst zuerst, geht zuerst zur Tränke, und gibt die Richtung vor, in die die Herde sich bewegt. Es darf jedes andere Tier der Herde von seinem Platz bzw. vom Futter vertreiben. Kein rangniederes Pferd darf ein ranghöheres überholen. Das stellt sicher, dass die erfahreneren Pferde auch auf der Flucht die Richtung bestimmen. Ranghohe Pferde können jedoch rangniedere auch von hinten treiben.

Sämtliche Herdenregeln können Sie sich bei Ausbildung und Korrektur zunutze machen, indem Sie sich dem Pferd als Herdenchef (Alphatier) präsentieren. Damit erwerben Sie sich Respekt und Vertrauen und sind in der Lage Ihr Pferd zu kontrollieren – sowohl seine Bewegungsrichtung als auch später seine Angstreaktionen.

Bewegungsdrang, Angst, Fluchtverhalten

Fluchtbereitschaft, Bewegungsfreudigkeit und schnelle Reflexe gehören zum genetischen Erbe des Pferdes und sind auch bei unseren domestizierten Rassen vorhanden.

In freier Wildbahn waren diese Eigenschaften überlebenswichtig. Augen und Ohren des Pferdes nehmen Reize aus einem Umkreis von fast 360° wahr. Die Ohren können gedreht und somit schnell auf Geräuschquellen aus verschiedenen Richtungen ausgerichtet werden. Die Augen befinden sich seitlich am Kopf; in dieser Position überblicken sie rechts und links jeweils etwa 160°. Das Pferd nimmt deswegen viele Dinge schneller wahr als sein Reiter – und reagiert auch schneller. Flucht- und Angstreaktionen des Pferdes mit reflexartigem Wegspringen sind aus diesem Grund für den Reiter schwer zu kontrollieren – das Pferd ist oft einfach schneller als er. Das natürliche Fluchtverhalten des Pferdes stellt einen erheblichen Risikofaktor dar, wenn das Pferd weder Vertrauen zum noch Respekt vor dem Menschen hat. Der Mensch muss also im Rahmen von Ausbildung oder Korrektur so weit kommen, dass er mit der natürlichen Angst und dem Fluchtinstinkt des Pferdes umgehen kann. Er wird nicht in der Lage sein dem Pferd alle Ängste auszutreiben. Er kann jedoch das Pferd lehren seine Angst zu kontrollieren.

Eine besondere Form von Angst beim Pferd ist die Furcht davor, in seiner Beweglichkeit (und Fluchtfähigkeit) eingeschränkt zu werden. Deswegen gehen viele Pferde nicht gern in den Anhänger, lassen sich

Longen-, freie und Roundpen-Arbeit ...

... erleichtern das Reiten – insbesondere das Anreiten junger Pferde.

nicht anbinden oder geben den Huf nicht. Wenn Sie Probleme in diesen Bereichen beikommen wollen, müssen Sie dem Pferd das Gefühl vermitteln, dass ihm nichts passieren wird.

Dem grundsätzlich vorhandenen Bewegungsdrang eines Pferdes sollte man durch artgerechte Haltung und freien Auslauf sowie Roundpen- bzw. Longenarbeit Rechnung tragen um Schwierigkeiten vielfältiger Natur durch zu wenig Bewegung vorzubeugen. Pferde, die vor Energie schier platzen, sind schwer zu kontrollieren; besser ist es, wenn sie überschüssige Energie ohne den Reiter auf dem Rücken loswerden.

Andererseits ist ein erschöpftes Pferd nicht mehr lern- und aufnahmefähig – das Pferd sollte also nicht einfach nur müde gemacht werden. Doch dazu später mehr.

Reflexe – Chance und Risiko

Die schnellen Reflexe eines Pferdes stellen zwar ein Problem für viele Reiter dar (ein fixes seitliches Wegspringen oder ein erschreckter Satz nach vorne bringen so manchen in „Wohnungsnot"), doch genau diese Reflexe sind von unschätzbarem Wert bei der Ausbildung und Hilfengebung. Reflexhandlungen können nämlich sowohl ab- als auch antrainiert werden. Jede signalhafte, feine Hilfe ist im Prinzip ein Reflex, der dem Pferd antrainiert wurde. Korrekturen sind deswegen schwerer und langwieriger als ein Neuanfang, weil ein alter Reflex abtrainiert werden muss, bevor ein neuer etabliert werden kann.

Angelernte und natürliche Hilfen - Zusammenwirken der Hilfen

Jede Reaktion, die Sie dem Pferd beibringen müssen, damit es in gewünschter Form reagiert, ist eine angelernte Hilfe oder auch ein antrainierter Reflex. Es gibt jedoch auch einige Hilfen, die das Pferd von Natur aus versteht. Die Reaktion auf eine Gewichtsverlagerung des Reiters gehört dazu und die Reaktion auf den seitwärts wirkenden Zügel. Da das Pferd seine Balance unter dem Reiter erhalten will, folgt es der Gewichtsverlagerung des Reiters nach vorne, hinten oder zur Seite (siehe „Balanceprobleme" S.16). Dem Zug eines direkt seitwärts wirkenden Zügels wird es durch seitliches Stellen des Kopfes und schließlich durch Abwenden zur Seite nachgeben. (Für einen – fälschlich – rückwärts wirkenden Zügel gilt jedoch der Grundsatz „Druck erzeugt Gegendruck.")

Alle anderen Hilfen, vor allem den Schenkeldruck an den verschiedenen „Druckpunkten", die Reaktion auf den indirekten, äußeren Zügel, das Zusammenwirken verschiedener Hilfen z.B. für die Biegung und für die Versammlung muss das Pferd erst lernen.

Im Antrainieren der nicht von Natur aus verstandenen Hilfen, insbesondere im effektiven Zusammenspiel verschiedener Hilfen und in deren Dosierung für eine bestimmte Übung liegt das Hauptproblem. Das korrekte Zusammenwirken der Hilfen erfordert nämlich Fingerspitzengefühl, eine nicht zu hohe Grundspannung im Sitz des Reiters (d.h. einen grundsätzlich lockeren und geschmeidigen Reiter) und eine gute Koordinationsfähigkeit. Auf

Oben: Ein junges Pferd reagiert auf den weit seitwärts nach links herausgeführten Zügel, ...
Unten: ... indem es sich nach links in Bewegung setzt.

einem problematischen, d.h. steifen oder unwilligen Pferd werden diese Fähigkeiten noch viel mehr gefordert um „durchzukommen". Reiter, die Probleme mit der Koordination haben und nicht völlig ausbalanciert und zügelunabhängig sitzen, sind deswegen auch nicht in der Lage bestimmte Probleme vom Sattel aus zu korrigieren.

Deutlichkeit

Manche Verständigungsprobleme zwischen Reiter und Pferd entstehen durch undeutliche Hilfengebung. Viele Signalkombinationen in der Hilfengebung liegen dicht beieinander. So können z.B. Sitz und Einwirkung des Reiters beim Travers im Trab und beim Angaloppieren fast identisch sein. Trotzdem kann ein gut auf die Hilfen des Reiters eingestimmtes Pferd aus dem Kontext der Arbeit unterscheiden, was der Reiter in diesem speziellen Augenblick von ihm will.

Bei jungen Pferden und Korrekturpferden muss man jedoch Hilfen oft überdeutlich geben und auch sehr klar gegeneinander abgrenzen um keine Missverständnisse zu provozieren. Ein zusätzliches Signal, welches kurzfristig die Unterscheidung zwischen ähnlichen Hilfenkombinationen klarer macht, ist oft hilfreich. Häufig wird dies eine Stimmhilfe – ein bestimmtes Wort oder ein Zungenschnalzen – sein. Es kann

auch ein Anlegen der Gerte oder ein Anlegen des Schenkels noch weiter hinten oder vorn als normal sein. Später kann man diese „weit ausholenden" Hilfen wieder reduzieren. Auch bei der Bodenarbeit sollte man sich für jede Lektion ein anderes verbales Kommando ausdenken, das man zusätzlich zur Körpersprache benutzt. Doppelbedeutungen, bei denen das Pferd im Unklaren über die Forderungen des Menschen bleibt, können so ausgeschlossen werden.

Versammeltes Pferd mit schön gewölbter Oberlinie.

Prinzipiell kann jeder Reiter mit seinem Pferd eine eigene Sprache entwickeln – d.h. ihm ein besonderes Verständigungssystem antrainieren. Wenn Sie Ihrem Pferd beibringen anzuhalten, sobald Sie Gewicht aus dem Sattel nehmen, dann ist das in Ordnung. Wenn Sie es das Gegenteil lehren, nämlich anzuhalten, wenn Sie mehr Gewicht in den Sattel bringen und dabei mit dem Schenkel treiben, ist das genauso in Ordnung. Sie müssen nur alle anderen Signale und Hilfenkombinationen in ein dazu passendes logisches System bringen. (Jedes System ist jedoch nur so weit brauchbar, wie es Ihnen ermöglicht, das Pferd über den Rücken zu reiten und die Hinterhand zu aktivieren.) Wenn Sie ein ungewöhnliches System mit Ihrem Pferd zusammen entwickeln, dann braucht ein anderer Reiter, der Ihr Pferd reiten soll, eine besondere Bedienungsanleitung um sich dem Pferd verständlich zu machen.

Körperliche Voraussetzungen von Pferd und Reiter

Viele Probleme resultieren aus der Tatsache, dass das Pferd von Natur aus nicht dafür geschaffen ist, einen Reiter zu tragen. Sein Rücken hat keine besonders tragfähige Konstruktion vorzuweisen und seine Beine sind anfällig gegen Überlastungsschäden aufgrund des Zusatzgewichtes. Diese naturbedingten Nachteile können nur

dadurch ausgeglichen werden, dass das Pferd unter dem Reiter neu ausbalanciert und gymnastiziert wird. Die wenigsten Pferde sind in der Lage sich ganz von allein schadensfrei mit dem Reitergewicht zu arrangieren. Die meisten brauchen dafür eine Anleitung durch den Reiter. Durch das Training soll Rücken-, Bauch- und Hinterhandmuskulatur des Pferdes gestärkt werden. Die Hinterhand soll vermehrt Gewicht aufnehmen und die gesamte Oberlinie des Pferdes einen nach oben gewölbten Spannungsbogen bilden. Damit wird die schwächere Vorhand des Pferdes entlastet und ein Durchhängen des Rückens unter dem Druck des Reitergewichtes verhindert. Wenn in der Phase des Muskelaufbaus und der Gymnastizierung beim jungen Pferd zu viele Fehler gemacht wurden oder der Abschnitt des Anreitens zu schnell absolviert wurde, führt das unweigerlich zu einigen Schwierigkeiten in der späteren Ausbildung. So manches Problem wäre bei einer schonenderen und langsameren Grundausbildung nie aufgetreten. Für die Korrekturen solcherart entstandener Probleme – wenn sie so noch nachvollziehbar sind – hilft dann nur die Methode „Back to the Roots", zurück zur Basis einfacher gymnastischer Übungen.

Es gibt aber auch so manche Schwierigkeit, die ein steifer, unkoordinierter oder gefühlloser Reiter

Versammlung im Rechtsgalopp.

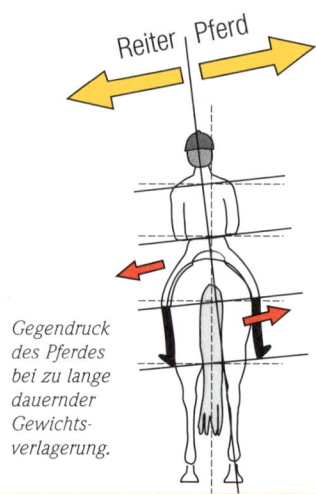

Gegendruck des Pferdes bei zu lange dauernder Gewichtsverlagerung.

verursacht, weil er nicht merkt, was unter ihm mit seinem Pferd vorgeht, auf Angebote des Pferdes nicht reagiert, erwünschte Reaktionen nicht sofort belohnt und unerwünschte nicht rechtzeitig unterbindet.

Gymnastik für den Reiter und die Entwicklung des Körpergefühls und der Sensibilität (z.B. mit der Feldenkraistechnik) sollten deswegen genauso als mögliche Ansatzpunkte für Korrekturen in Betracht gezogen werden (siehe auch „Selbsteinschätzung", S. 38).

Balanceprobleme als Grundlage für natürliche Hilfengebung

Das Gleichgewicht des Pferdes bzw. seine Balanceprobleme mit dem zusätzlichen Reitergewicht bieten – wie auch seine Reflexe – dem Menschen einen natürlichen Ansatzpunkt für die Hilfengebung. Das Pferd muss sich unter dem Reiter neu ausbalancieren um ihn halbwegs bequem tragen zu können.

Der Schwerpunkt von Reiter und Pferd soll im Idealfall in einer senkrechten Linie übereinander liegen. Dann befindet sich die Kombination „Reiter + Pferd" im Gleichgewicht und das Pferd hat am wenigsten Probleme mit dem zusätzlichen Gewicht. Jedes unverdorbene Pferd folgt der Gewichtsverlagerung des Reiters nach vorne durch Vorwärtsgehen oder Schnellerwerden – nach hinten durch Langsamerwerden oder Anhalten – und zur Seite durch Abwenden nach der Seite, auf die der Reiter sein Gewicht verlagert. Der Reiter tut dabei nichts anderes, als ein Balanceproblem zu verursachen und es dem Pferd zu überlassen sich damit zu arrrangieren.

Das funktioniert jedoch nur so lange, wie das Pferd sich nicht gegen die vom Reiter bewusst verursachten Gleichgewichtsprobleme

Das Pferd produziert zu viel Schub aus der Hinterhand – es „fällt auseinander" und belastet die Vorhand.

Um die Schubkraft zu begrenzen muss das Tempo etwas zurückgenommen werden – auch im lösenden Leichttraben.

wehrt. Setzt der Reiter sich nach der Reaktion des Pferdes auf seine Gewichtshilfe (besonders die seitliche, eine Wendung verursachende Gewichtsverlagerung) nicht wieder gerade, so gewinnt das Pferd nichts, wenn es der Gewichtshilfe nachgibt. Es hat sein Balanceproblem nicht gelöst – weil der Reiter seinen Schwerpunkt immer noch seitlich neben dem des Pferdes hat. Dann kann es passieren, dass es sich gegen die Gewichtshilfe wehrt, indem es sich dagegenlehnt. Dauernd schief sitzende Reiter lehren ihre Pferde sich gegen eine Gewichtshilfe zur Wehr zu setzen; das Resultat ist ein Pferd, welches sich nicht biegen und abwenden lässt, weil es Gegendruck gegen das Reitergewicht aufgebaut hat.

Schub- und Tragkraft der Hinterhand

Viele Schwierigkeiten kommen daher, dass ein Reitpferd zu viel Schubkraft und zu wenig Tragkraft mit den Hinterbeinen entwickelt. Zu viel Schub aus der Hinterhand bringt das Pferd jedoch auf die Vorhand. Aber nur Rennpferde und allenfalls Distanzpferde sind mit einer ausgeprägten Schubkraft gut auf ihre Aufgaben vorbereitet – nämlich auf größtmöglichen Raumgewinn und Schnelligkeit. Bei diesen Pferden belastet jedoch der Reiter den Rücken meist nur sehr wenig

(Rennsitz, leichter Sitz). Für ein Reitpferd ist die Ausbildung der Tragkraft viel wichtiger – erstens um den Rücken zu schonen und zweitens um die Vorderbeine zu entlasten. Evtl. zu viel vorhandene Schubkraft muss deswegen durch gymnastizierende Übungen in Tragkraft umgewandelt werden. Auf diese Weise sind Rückenprobleme zu bessern sowie eine bessere Tempokontrolle zu erreichen.

Exterieurmängel

Pferde mit deutlich zutage tretenden Exterieurmängeln erfordern eine noch viel sorgfältigere und geduldigere Grundausbildung – andernfalls treten Überlastungsschäden und Widersetzlichkeiten noch viel schneller auf als bei Pferden ohne Gebäudemängel.

Motivation

Freiwillige Mitarbeit des Pferdes ist das erklärte Ziel vieler Reiter. Zwanglose Harmonie – fast telepathische Verständigung bei minimalem Kraftaufwand, das schwebt als Idealbild so manchem Reiter vor. Besondere Leistungen des Pferdes – egal, in welcher Sparte der Reiterei – sind jedoch nur möglich, wenn das Pferd von sich aus leistungsbereit ist. Zwang oder Schmerz ringen dem Pferd allenfalls eine widerwillige Leistung ab und führen bei vielen

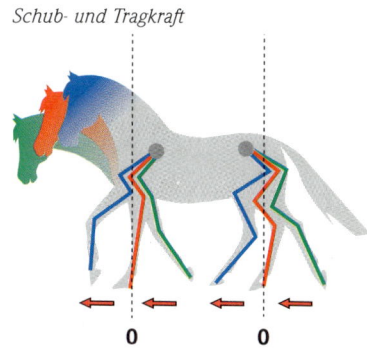
Schub- und Tragkraft

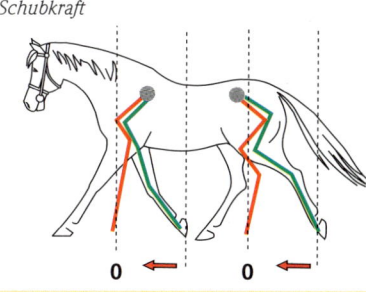
Schubkraft

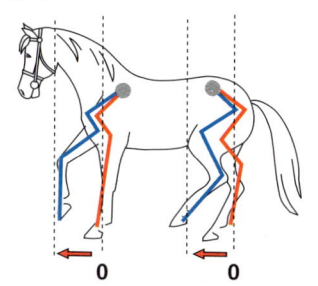
Tragkraft

Pferden eher zu Widersetzlichkeiten als zur Mitarbeit. Ein Pferd, welches schon Probleme macht, mit noch mehr Zwang und Druck von seinem unerwünschten Verhalten abzubringen, ist normalerweise nicht möglich; die Resultate von immer schärferen Zwangsmaßnahmen reichen von einem resignierten, abgestumpften Pferd bis zu einem sogenannten „Verbrecher", der doch meist nur vehement darauf hinweist, dass er falsch behandelt wurde.

Unerwünschtes unbequem machen

Es ist nur möglich, ein Pferd zur Mitarbeit zu motivieren, wenn man die Beweggründe des Pferdes, etwas zu tun oder zu lassen, versteht. Nur, wenn man als Reiter begriffen hat, warum ein Pferd etwas tut, kann man einen Ansatz zur Motivation finden. Die Frage, die wir uns am besten stellen, muss lauten: Wie kann ich dem Pferd klarmachen, dass alles, was ich von ihm will, letztendlich seine eigene freie Entscheidung zwischen verschiedenen Möglichkeiten ist. Wir helfen ihm als Ausbilder nur die „richtige" Entscheidung zu treffen (siehe auch Abschnitt „Richtig und Falsch", S. 27). Prinzipiell ist das Pferd faul – genau wie jeder Mensch wird es immer den einfachsten und bequemsten Weg suchen etwas zu tun, wenn es denn schon getan werden muss. Das bedeutet für die Motivationsarbeit des Menschen: Machen Sie ihm alle Aktionen unbequem, die Sie nicht wollen, und lassen Sie das Pferd den bequemeren Weg „wählen". Das ist

so ähnlich, als ob ein begnadeter Rhetoriker seine Zuhörer zum „einzig logischen Ergebnis" einer Erörterung führt. Ersetzen Sie die „verbale Kommunikation" des Redners durch die zeichenhafte „Körpersprache" des Pferdeausbilders bzw. des Reiters und überzeugen Sie das Pferd durch Ihre körperlichen Signale davon, was richtig (= bequem) oder falsch (= unbequem) ist. Die genaue Umsetzung des Systems wird im Kapitel „Problemlösungen" noch genauer erläutert.

Logische Systeme

Das System „Zuckerbrot und Peitsche" funktioniert in diesem Zusammenhang. Mit kleinen Leckerbissen können Sie Ihrem Pferd die Ausführung einer Übung schmackhaft machen, noch wirkungsvoller ist jedoch oft das System „Spannung und Entspannung". Das bedeutet im Klartext: Setzen Sie das Pferd einer spannenden Übung aus und bringen Sie es dann dazu, sich wieder zu entspannen. Das funktioniert auf der körperlichen und auf der psychischen Ebene. Nervenanspannung findet das Pferd genauso unangenehm wie länger dauernde anstrengende körperliche Arbeit und es wird ein berechtigtes Interesse daran haben, sich möglichst bald wieder zu entspannen. Besonders zur Angstbewältigung ist das ein gutes System.

Im Zusammenhang mit einem logischen Motivationssystem gilt auch: „Nicht langweilen, sondern interessieren." Bei einem sturen Trainings-

Nicht langweilen, sondern das Pferd für eine Aufgabe interessieren.

programm mit immer gleichen Übungen langweilen sich viele Pferde – ihre Reaktionen werden zäher, denn sie spulen bis zum Überdruss immer gleiche Lektionen ab ohne einen Sinn darin zu sehen. Geben Sie Ihrem Pferd eine Aufgabe oder setzen Sie es oft neuen Reizen und Anforderungen aus. Im Gelände haben Sie dazu viele Möglichkeiten: Kleine Sprünge, Geschicklichkeitshindernisse, Bachdurchquerungen oder Kletterübungen bieten Ihnen und Ihrem Pferd ein weites Trainingsfeld um das Gleichgewicht zu fördern und die Muskeln zu gymnastizieren.

Gegendruck des Pferdes bei zu lange dauerndem Schenkeldruck.

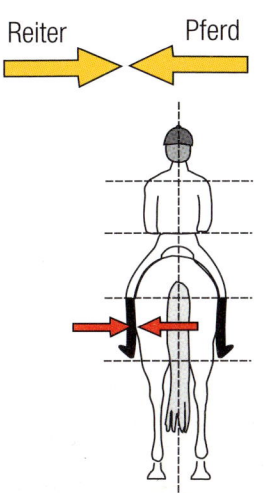

Eine gute Kinderstube

Vielen Pferden fehlt es an einer guten Grunderziehung. Sie haben nicht gelernt den Menschen als ranghöher zu akzeptieren, betrachten ihn vielleicht als netten Kumpel oder als Futterlieferanten, treten ihm auf die Füße, rempeln ihn an oder lassen sich eine andere Ungezogenheit zuschulden kommen. Dieses Verhalten ist keinesfalls bösartig, sondern völlig natürlich – das Pferd achtet nur auf einen Ranghöheren, der Rangniedere wird „aus dem Weg geboxt". Wenn Sie einem Pferd solche Ungehörigkeiten eine Weile haben durchgehen lassen, müssen Sie sich nicht wundern, wenn es Ihre Wünsche bei anderen Gelegenheiten auch nicht ernst nimmt. Winzige Kleinigkeiten sind dabei oft die Grundlage für später eskalierende Probleme. Darum gilt:

Gegendruck des Pferdes bei einem rückwärts ziehenden Zügel.

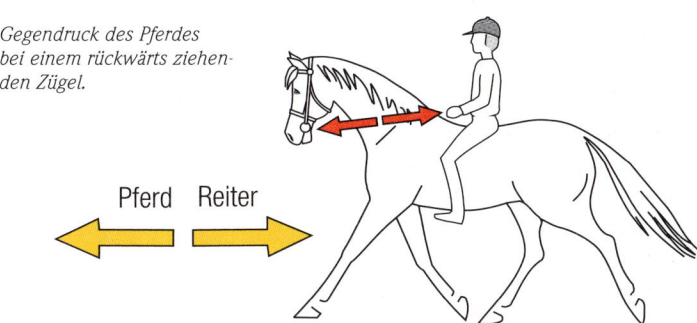

„Wehret den Anfängen!" Wenn es dafür schon zu spät ist, müssen Sie oft sehr weit zurückgehen um eine Einstellungsänderung – und damit eine Verhaltensänderung – des Pferdes zu erreichen. Vergewissern Sie sich, dass das Pferd Sie und Ihre Wünsche ernst nimmt, bevor Sie von einfachen zu komplizierten Übungen (egal, ob am Boden oder unter dem Sattel) übergehen.

Druck erzeugt Gegendruck

Pferde versuchen normalerweise einem unangenehmen körperlichen oder psychischen Druck, dem sie sich nicht durch eine einfache Reaktion entziehen können, dadurch zu begegnen, dass sie Gegendruck aufbauen. (Menschen übrigens auch – deswegen dürfte diese Reaktion nicht schwer zu begreifen sein.) Besonders, wenn ein Druck länger andauert, fordert er die Gegenreaktion heraus.

Das macht sich bemerkbar, indem das Pferd z.B. gegen die Hand geht, sich auf den Zügel legt oder gegen den Schenkel drückt – oder z.B. gegen den Anbindestrick kämpft. Teilweise ist dieses Verhalten mit dem schon erwähnten Fluchtinstinkt zu erklären, zum anderen Teil handelt es sich um eine Gegenreaktion auf zu viel Druck.

Nötigen Druck sensibel zu dosieren und ein Pferd das Nachgeben auf Druck zu lehren gehört somit zu den grundsätzlichen Erziehungsmaßnahmen – sowohl vom Boden aus als auch unter dem Sattel – und bietet

einen möglichen Ansatz zur Korrektur vieler unerwünschter Verhaltensweisen.

Neugier und Spieltrieb

Das Pferd ist von Natur aus neugierig. Bei unbekannten Dingen siegt entweder die Neugier über die Angst oder umgekehrt. Lassen Sie einem Pferd genug Zeit etwas Neues zu begutachten oder zu lernen, dann siegt normalerweise die Neugier.

Setzen Sie ein Pferd dagegen unter Druck, dann siegt meist die Angst. (Dieser Grundsatz ergibt sich aus

dem Fluchtverhalten und aus dem vorher beschriebenen Phänomen „Druck erzeugt Gegendruck.") Ein Pferd also nur mit Druck oder durch die Zufügung von Schmerz (mit Sporen oder Peitsche etc.) in den Hänger oder durch einen Bach bugsieren zu wollen ist aus diesem Grund ein ziemlich unsinniges Unterfangen. Zudem ist es auch noch gefährlich, weil es beim Pferd unkontrollierbare Panikreaktionen auslösen kann. Lassen Sie lieber die Neugier des Pferdes einen Teil der Arbeit tun. Zudem kann das Pferd lernen, dass Bach oder Hänger bequeme Orte sind, an denen Sie es in Ruhe lassen. (Dabei kommt zusätzlich das Prinzip „Spannung und Entspannung" zum Tragen.)

Spielerische Lektionen wie das Kompliment fördern Vertrauen und Gehorsam des Pferdes.

Die Neugier in Verbindung mit dem ausgeprägten Spieltrieb und einem von Natur aus friedlichen und gutmütigen Verhalten machen das Pferd für den Menschen als Arbeitstier und Freizeitpartner überhaupt erst interessant; sie sind eine wesentliche Voraussetzung der Lernfähigkeit. Diese Eigenschaften geben Ihnen die Möglichkeit dem Pferd Signale beizubringen, mit denen Sie Verhaltensweisen und Bewegungsmuster auf Kommando abrufen können. Sie bringen dem Pferd dabei nichts grundsätzlich Neues bei, sondern lehren es auf Ihre „Hilfen", mit denen Sie eine bestimmte Bewegung oder einen

Bewegungsablauf aus seinem natürlichen Repertoire abrufen wollen, zu reagieren. Je spielerischer (zwangfreier) Ihre Lehrmethode angewandt werden kann, desto weniger Probleme wird das Pferd dabei machen.

Aufmerksamkeit

Aufmerksamkeit steht in engem Zusammenhang mit der Motivation und der Neugier. Wenn Sie die Aufmerksamkeit Ihres Pferdes nicht haben, können Sie ihm nichts beibringen (und auch keine Probleme korrigieren). Wie ein Schüler, der im Unterricht träumend aus dem Fenster sieht, wird das Pferd nichts lernen, wenn es Ihnen während der Arbeit keine Aufmerksamkeit schenkt.

Sie und Ihre Handlungen bzw. Forderungen müssen das Pferd interessieren. Wenn es Sie bei der Arbeit nicht anschaut, dann wird es Ihre Signale ignorieren – auch wenn es schon weiß, was sie bedeuten. Sie müssen sich und Ihre Handlungen also für das Pferd interessant machen. Das gelingt Ihnen nur, wenn das Pferd Sie als ranghöher eingestuft hat – denn nur auf den Ranghöheren muss es achten und ihm gegebenenfalls aus dem Weg gehen. Einem Rangniederen muss es keine Aufmerksamkeit schenken, denn der wird ihm aus dem Weg gehen und keine Forderungen stellen.

Nur, wenn Sie die Aufmerksamkeit des Pferdes haben, können Sie – wie hier im Roundpen – mit ihm arbeiten.

Schmerzfreiheit und Angstfreiheit

Angst und/oder Schmerz behindern die Lernfähigkeit des Pferdes, denn sie verhindern dessen Konzentration auf die jeweilige Übung. Angst wirkt vorwiegend auf der psychischen Ebene, Schmerz vorwiegend auf der körperlichen, die Angst vor einem erwarteten Schmerz (z.B. als Strafe) wirkt auf beiden Ebenen.

Wenn Sie sich auf eine schwierige Denkaufgabe konzentrieren sollen und jemand steht hinter Ihnen und schlägt Sie alle zwei Minuten mit der Peitsche, weil Sie schneller denken sollen, dann fördert das Ihre Konzentration auf die Aufgabe nicht – Sie lösen sie mit Sicherheit nicht schneller, sondern eher langsamer, weil die Angst vor dem Peitschenhieb einen Teil Ihres Denkens beherrscht.

Wenn Sie ein Pferd mit Peitschenhieben an einer Sache vorbeiprügeln wollen, vor der es Angst hat, werden Sie seine Angst damit nur noch vergrößern, weil Sie ihm zusätzlich Schmerz zufügen: Das Pferd lernt nichts dabei und wird bei der nächsten „komischen Stelle" wieder scheuen oder stehen bleiben. Angstüberwindung funktioniert jedoch nur auf der Basis von Verstehen und „Einsicht". Das Pferd muss lernen, dass sein Reiter nichts Lebensgefährliches von ihm verlangt, dass es in jeder Situation Vertrauen zum Reiter haben kann. Und es muss lernen seine Angst zu kontrollieren, weil der Reiter es möchte.

Auf der körperlichen Ebene haben Schmerzen, hervorgerufen durch Verspannungen, durch Überlastung, Muskelkater oder noch nicht vollständig ausgeheilte Verletzungen, eine ähnliche Wirkung. Der Schmerz verhindert eine anatomisch richtige Reaktion. Haben Sie eine Zerrung in einem Bein, dann werden Sie dieses Bein schonen. Schonen Sie es längere Zeit, weil Sie erwarten, dass es wieder schmerzen wird, wenn Sie es voll belasten, dann werden die Muskeln dieses Beins mit der Zeit schwächer. Jeder Versuch eines erneuten Muskelaufbaus in dem schwächeren Bein ist dann mit Überwindung und Angst vor Schmerzen verbunden. Belasten Sie nun längere Zeit Ihre Beine ungleichmäßig, dann stellen sich aufgrund dieser ungleichmäßigen Belastung weitere Schmerzreaktionen an ganz anderen Körperteilen ein, etwa dem Rücken (durch die assymmetrische Belastung). Auf Dauer verhindert ein

Solche Szenen sind im Alltag völlig unnötig – und werden bei einigermaßen gut „erzogenen" Pferden auch kaum vorkommen.

Schmerz oder auch ein erwarteter Schmerz, dass eine Besserung eintritt.

Beim Pferd bedeutet das, dass eine alte Verletzung oder auch nur eine Spannung auf seiner von Natur aus steiferen Seite unter Umständen auf lange Sicht größere Probleme verursachen kann, wenn man als Reiter nicht behutsam an der Gymnastizierung und dem Aufbau der Muskulatur arbeitet. Der Reiter muss dabei manchmal wie bei der Krankengymnastik vorsichtig über einen leichten Schmerz hinweg arbeiten um steife oder unbeanspruchte Muskelgruppen wieder

geschmeidig zu bekommen. Dabei muss er sich auch durch einen leichten Widerstand des Pferdes, dem diese Arbeit ja unangenehm ist, hindurcharbeiten – die Kunst dabei ist beim Pferd nicht noch mehr Widerstand zu produzieren. Starkes Ausbinden oder das Zusammenschnüren des Pferdes mit anderen mechanischen Hilfsmitteln kann in diesen Fällen völlig kontraproduktiv sein, denn das Pferd verspannt sich durch den Zwang und den dadurch verursachten Schmerz in den steifen Muskeln nur noch mehr und wird sich möglicherweise durch panische Reaktionen zu entziehen versuchen.

Bei Pferden mit starken körperlichen Steifheiten oder Widersetzlichkeiten bei bestimmten Übungen ist also eine sehr langsame und vorsichtige Korrektur nötig.

Angstübertragung Die Angst des Reiters

Nicht nur die Furcht des Pferdes ist zu berücksichtigen, sondern auch die Angst des Reiters. Probleme entstehen nicht nur durch ängstliche Pferde, sondern auch durch ängstliche Reiter, die ihre eigene Angst auf das Pferd übertragen. Der Reiter denkt, dass das Pferd Angst haben könnte oder müsste – und prompt hat das Pferd Angst und scheut. Das

fällt in den Bereich der „sich selbst erfüllenden Prophezeihung". Pferde sind sehr sensibel, was die Stimmungen und Einstellungen ihrer Reiter betrifft. Entschlossenheit und Ruhe teilen sich ihnen genauso schnell mit wie Angst oder Zaghaftigkeit – und sie reagieren entsprechend. Das hat nichts mit Telepathie oder Gedankenlesen zu tun, denn der Mensch drückt seine Gemütsverfassung mit vielen kleinen Gesten, seiner Haltung oder Muskelspannung aus. Oft geschieht das unbewusst, doch das Pferd hat sensible Antennen dafür.

Bei Problemen mit ängstlichen Pferden überlegen Sie also am besten erstmal, ob nicht Sie als ängstlicher Reiter das Problem verur-

sachen, und machen sich dann Gedanken über die eigene Angstbewältigung.

Vertrauen und Respekt

Diese beiden Begriffe gehören untrennbar zusammen. Das gilt, auch wenn das Verfechter der „antiautoritären Erziehung" nicht gerne hören, nicht nur für Pferde sondern auch für Menschen. Bei Pferden sind Vertrauen und Respekt jedoch noch viel enger verknüpft: Ihr Pferd wird nie wirkliches Vertrauen zu Ihnen entwickeln können, wenn es Sie

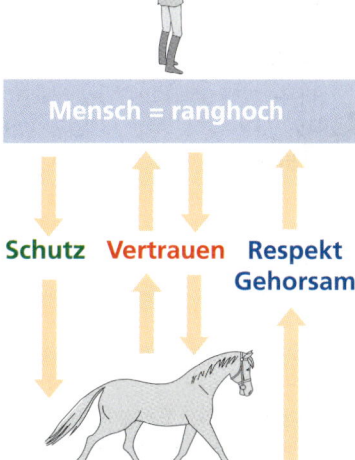

Gegenseitiges Vertrauen, Respekt voreinander und ein ausbalancierter Sitz führen zu harmonischem Reiten.

Immer schön der Reihe nach:
Der rote Faden in Ausbildung und Korrektur.

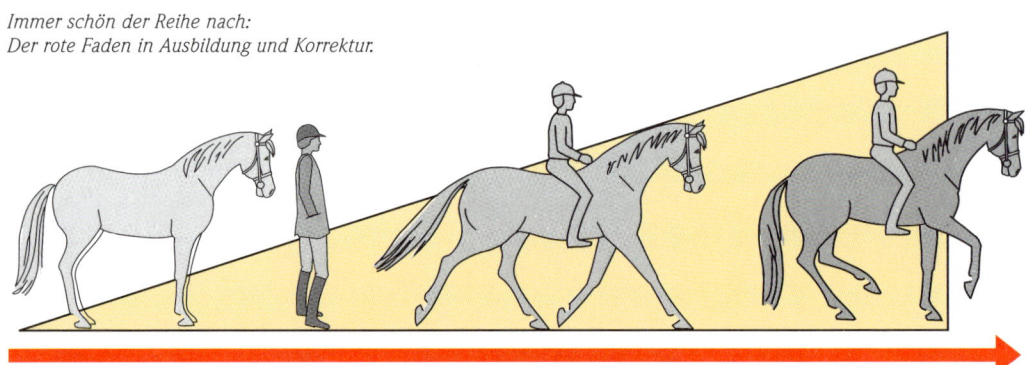

nicht respektiert. Das liegt in der sozialen Struktur der Herde begründet: Der Ranghöhere wird respektiert und bietet im Gegenzug dafür Schutz. Ein Pferd fühlt sich nur bei einem „Alphatier" sicher. Ihm folgt es, auch wenn es Angst hat, weil es weiß, dass dieses Alphatier es nicht ins Verderben führt. Wenn der Mensch diese Alpha-Stellung einnehmen kann, kann er das Pferd fast hundertprozentig kontrollieren: Er ist dann in der Lage Tempo und Bewegungsrichtung zu bestimmen – auch wenn das Pferd Angst hat.

Respekt darf jedoch nie mit Angst vor dem Menschen verwechselt werden. Respekt beinhaltet Vertrauen – Angst dagegen verhindert Vertrauen. Um sich Respekt zu verschaffen können Sie zwar nötigenfalls auch mal grob werden, doch darf das Pferd dabei keine Angst vor Ihnen entwickeln.

Problemdefinition, Startpunkte und Ziele

Definieren Sie das Problem, das Sie mit Ihrem Pferd haben, korrekt und versuchen Sie einen Ansatz, einen Startpunkt zu finden. Der befindet sich dort, wo Sie vom Pferd noch erwünschte (richtige) Reaktionen auf Ihre Forderungen bekommen. Legen Sie also fest, wo Sie beginnen können und wo Sie hinwollen. Bestimmen Sie Start und Ziel Ihrer Arbeit und versuchen Sie auch möglichst viele logisch aufeinander folgende Zwischenziele festzulegen. Sie werden Ihr oberstes, einmal definiertes Ziel nämlich fast nie an einem einzigen Tag oder während einer einzigen Übungs-Session erreichen.

Doktern Sie nicht einfach an den Symptomen eines Problems herum, sondern versuchen Sie die Ursachen aufzuspüren. Wenn ein Pferd

beim Aufsteigen nicht stehen bleiben will, dann kann das daran liegen, dass es Ihre Wünsche und damit auch Sie nicht ernst nimmt. Es interessiert sich nicht dafür, was Sie tun, und setzt sich in Bewegung, weil es am anderen Ende der Reitbahn ein Hälmchen Gras entdeckt hat.

Es kann aber auch sein, dass Sie ungeschickt aufsteigen, dem Pferd dabei in den Rücken plumpsen oder die Stiefelspitze in die Seite pieken. Eine andere Erklärung ist, dass das Pferd mit „Gerittenwerden" an sich etwas Unangenehmes verbindet und sich durch Weglaufen entziehen will.

Im ersten Fall ist die Ursache (und der Startpunkt für die Arbeit) ein anderer als im zweiten und dritten. Es geht im Fall 1 hauptsächlich darum, dem Pferd zu vermitteln, dass es dem Wunsch des Reiters Folge zu leisten hat. In den beiden anderen Fällen muss der Reiter sein eigenes Verhalten ändern um dem Pferd das Aufsteigen und Gerittenwerden angenehmer zu machen.

Konzepte – Der rote Faden

Der rote Faden in Ihrer Arbeit ist im Rahmen von „Start und Ziel" ein wichtiger Erfolgsfaktor. Legen Sie ein Konzept für Ihre Arbeit fest – nicht um sich sklavisch daran zu halten, sondern um schnell reagieren und improvisieren zu können, wenn etwas während der Arbeit aus dem Ruder läuft. Der rote Faden verhindert, dass Sie in einem unbedachten Moment in einer Weise reagieren, die Ihnen einen schon erreichten Teilerfolg vielleicht wieder zunichte macht.

Ein durchdachtes Konzept für eine Abfolge von Lektionen innerhalb einer Arbeitseinheit verhindert zudem, dass Sie Ihr Pferd einseitig ausbilden oder bestimmte ungeliebte Übungen auf Dauer „vergessen". Legen Sie fest, welche Maßnahmen nötig sind um dieses spezielle Pferd zu gymnastizieren und gehorsam zu machen, und setzen Sie ein paar Verhaltensweisen auf die „schwarze Liste". Auf diese schwarze Liste gehören alle Reaktionen Ihrerseits, die etwas schon Erreichtes gefährden könnten: Ungerechtfertigte Strafen, Zornausbrüche, zu wenig Konsequenz, Überforderung des

Pferdes usw. Wann Sie sich durchsetzen müssen und wann Sie ein Pferd überfordern, sagen Ihnen Ihr Verstand und Ihr Gefühl. Wenn Sie nicht in der Lage sind die psychische und körperliche Leistungsfähigkeit Ihres Pferdes einzuschätzen (siehe S. 33 ff), werden Sie mit Ihren Konzepten ein Problem bekommen. Lernen Sie sich zu beherrschen, wenn etwas nicht klappt. Überlegen Sie, wie viel Sie sich und Ihrem Pferd zumuten können und arbeiten Sie in Ihrem Rahmen.

Zeitfaktoren – Teilschritte und Teilerfolge

Der Zeitfaktor spielt bei der Arbeit mit Pferden eine bedeutende Rolle und bei der Korrektur eine noch größere. Pferde lernen unterschiedlich schnell und besitzen eine unterschiedlich hohe Belastungs- und Leistungsgrenze, die Sie richtig einschätzen sollten um dem Pferd nicht zu viel zuzumuten und damit unter Umständen unliebsame Reaktionen hervorzurufen. Sowohl neue Lektio-nen als auch Korrekturen werden von verschiedenen Pferden unterschiedlich rasch begriffen. Was beim einen Pferd zehn Minuten dauert, kann beim anderen anderthalb Stunden brauchen. Und diese Zeit müssen Sie dann auch haben und investieren.

Versuchen Sie deswegen nie eine Lektion unter Zeitdruck zu lehren oder eine Korrektur „zwischen Tür und Angel" durchzuführen. Wenn Sie wenig Zeit haben, bummeln Sie eine Runde mit dem Pferd ins Gelände bzw. machen etwas, was das Pferd beherrscht und gerne tut. Legen Sie genug Zwischenziele fest und lernen Sie Teilerfolge zu erkennen und zu würdigen, so dass Sie jederzeit mit einem Teilerfolg aufhören können, wenn der ganze Trainingsabschnitt nicht auf einmal bewältigt werden kann.

Geduld und Timing – Rechtzeitig aufhören

Hören Sie auf, wenn eine Übung gut geklappt hat. Das kann schon nach zehn Minuten sein. Das Pferd soll wissen, dass es sich ausruhen darf, wenn es in gewünschter Form reagiert hat. Besonders für Korrekturen oder bei der Arbeit an „ungeliebten Lektionen" ist das enorm wichtig.

Es kann Ihnen passieren, dass ein klitzekleiner Teilerfolg zwei Stunden auf sich warten lässt – diese Zeit müssen Sie haben, auch wenn das Ihre Geduld auf eine harte Probe stellt. Strapazieren Sie danach aber die Nerven Ihres Pferdes und Ihre eigenen nicht weiter, weil Sie immer noch „ein bisschen mehr" wollen. Zwei Stunden sind genug. Die

Devise heißt „Morgen ist auch noch ein Tag." Nach dieser Methode stellen sich Teilerfolge mit der Zeit immer schneller ein – das Pferd lernt, dass es aufhören darf, wenn es das tut, was der Reiter oder Ausbilder von ihm verlangt.

Hören Sie andererseits nie mit einer begonnenen neuen Übung auf, bevor Sie nicht wenigstens einen Teilerfolg erzielt haben. Egal, wie lange es dauert – schließen Sie eine Lektion immer positiv ab. Für einen prinzipiell positiven Abschluss kann es schon reichen, wenn das Pferd seine Absicht verrät in gewünschter Weise zu reagieren – wenn es also einen winzigen Schritt in die vom Ausbilder gewünschte Richtung macht oder sonstwie die Botschaft „Ich versuch's ja" signalisiert.

Arbeiten Sie geduldig nach der Zermürbungstaktik; seien Sie einfach sturer als das Pferd ohne die Ruhe zu verlieren und sich dabei aufzuregen. Mit der stoischen Einstellung: „Und am Ende kriege ich ja doch, was ich will." überzeugen Sie schließlich Ihr Pferd. Verlieren Sie jedoch die Geduld und fangen an zu brüllen oder das Pferd zu verprügeln, bringen Sie dem Pferd damit überhaupt nichts bei, sondern verraten ihm im Gegenteil Ihre eigene Unsicherheit. In diesem Geduldsspielchen zwischen Mensch und Pferd gelten die Regeln „Wer schreit, hat Unrecht." und „Wer wütend wird, hat verloren."

Nicht provozieren, sondern ablenken

Provozieren Sie keine Auseinandersetzungen oder Widersetzlichkeiten, weil Sie innerhalb der nächsten fünf Minuten einen großen Erfolg sehen wollen. Besonders bei „Problempferden" – eben denen, die schon in irgendeiner Form widersetzlich sind – sollten Sie aufpassen und die Anforderungen nicht gleich so hoch schrauben, dass das Pferd sich ihnen widersetzen könnte. Kleine Schritte mit kleinen Teilerfolgen sind hier die sicherste Lösung. Verlangen Sie nichts, von dem Sie nicht sicher sind, dass Sie es vom Pferd auch bekommen können. Das bedeutet unter Umständen, bei der Wahl eines Startpunktes sehr viele Schritte zurückzugehen.

Haben Sie sich doch einmal in der Höhe der Anforderungen vertan

Für den ersten richtigen (= erwünschten) Schritt ...

und das Pferd widersetzt sich Ihren Wünschen permanent oder wird sogar aggressiv, so versuchen Sie es abzulenken, indem Sie Ihre ursprüngliche Forderung modifizieren. Einem Pferd, welches in aggressiver Haltung auf Sie zuläuft, sollten Sie sich nicht in den Weg stellen oder es gar zum Rückwärtsgehen (einer grundsätzlich demütigen Geste) auffordern. Lassen Sie es stattdessen an sich vorbeilaufen und

... sollten Sie nicht mit Lob sparen.

tun Sie so, als hätten Sie z.B. nur einen Richtungswechsel gewollt. Damit haben Sie Ihr „Gesicht gewahrt".
Lassen Sie es nie auf eine offene Konfrontation mit dem Pferd ankommen – das ist gefährlich und Sie haben wenig Chancen einen Kampf gegen ein 500-Kilo-Tier zu gewinnen. Das Pferd ist immer stärker und schneller als Sie – Sie können es nur mittels „psychologischer Kriegs-

führung" beeinflussen, wenn es gegen Sie kämpfen will.

Richtig und Falsch – Was darf das Pferd und was nicht?

Sie haben das Privileg zu entscheiden, was richtig und falsch ist – was Sie dem Pferd erlauben und beibringen und was Sie ihm nicht erlauben bzw. abgewöhnen.
Ein Pferd weiß nicht, was richtig und falsch ist. Es reagiert innerhalb seiner eigenen Begriffswelt instinktgesteuert. In der Herde kennt es nur „erlaubt" und „verboten" – und das wird von den ranghöheren Tieren festgelegt. Es weiß nicht, dass es „falsch" ist, auf der rechten Hand im Linksgalopp anzuspringen. Sie können ihm als Reiter nur beibringen, dass Sie das nicht möchten (und ihm die von Ihnen gewünschten Reflexe antrainieren). Es weiß auch nicht, dass es „falsch" ist, Sie spielerisch zu zwicken – mit seinen Spielkameraden macht es das ja auch. Sie können ihm jedoch schnell klarmachen, dass es das bei Ihnen nicht darf. Und Sie brauchen Ihrem Pferd auch nichts zu „erklären": Sie wollen das nicht – und damit basta. „Ja aber" gibt es nicht. Klapsen Sie dem Pferd auf die Nase oder scheuchen Sie es weg, wenn es Sie zwickt – das würde ein ranghöheres Pferd ebenfalls tun. Verleihen Sie Ihren Wünschen notfalls Nachdruck.

Bestimmen Sie also, was das Pferd darf und was nicht. Es ist Ihre Entscheidung. Sie können dem Pferd jede Verhaltensweise „abtrainieren", die Sie stört (natürlich nur im Rahmen seiner natürlichen Verhaltensmuster). Nur ändern Sie Ihre Meinung nicht zwischendurch – das verunsichert und verwirrt das Pferd und es wird Ihre Entscheidungen daraufhin später immer wieder in Frage stellen.

Konsequenz

Konsequentes Durchsetzen Ihrer Entscheidung ist wichtiger als die Entscheidung selbst. Wie auch immer Sie entschieden haben – Sie machen sich als Respekts- und Vertrauensperson dem Pferd gegenüber unglaubwürdig, wenn Sie einmal getroffene Entscheidungen rückgängig machen.

Seien Sie also konsequent: Lassen Sie unerwünschtes Verhalten nicht ein paar Mal – vielleicht aus Faulheit – durchgehen und dann wieder nicht. Durch Inkonsequenz schaffen Sie sich ein Verständigungsproblem, denn das Pferd wird dadurch orientierungslos. Es hat keine Chance sich auf Ihre Wünsche einzustellen, wenn es nicht sicher weiß, wie diese Wünsche aussehen. Es lebt mit einem beständigen Fragezeichen im Kopf. „Meint er auch, was er sagt? – Meint er das auch wirklich ernst oder kann ich mich vielleicht doch drücken?"

Und immer wieder loben ...

Bestätigung, Erfolgserlebnisse

Pferde sind dankbar für Bestätigung. Ein verbales Lob mit tiefer, weicher Stimme oder ein beruhigendes Streicheln nehmen dem Pferd den Zweifel, ob es denn auch alles richtig gemacht hat. Sparen Sie also nicht mit dieser Art von Zuwendung. Eine der besten Bestätigungen für eine gute und erfolgreiche Arbeit ist aufzuhören oder zumindest eine längere Pause einzulegen, wenn etwas zur Zufriedenheit geklappt hat (Timing). Ein Leckerbissen an der richtigen Stelle hat auch noch nie geschadet. Doch stopfen Sie das Pferd nicht bei jeder passenden und unpassenden Gelegenheit mit Leckerlis voll. Wenn es nach allem und jedem, was es tut, eine Belohnung erwartet, dann haben Sie kein Extra mehr für besondere Leistungen.

Ruhe nach dem Sturm – Das Verarbeiten von Gelerntem

Das Pferd sollte nach der Arbeit ruhiger sein als vor oder während dieser. Ist das Pferd danach hektisch und nervös, hat es meist nicht verstanden, was Sie eigentlich von ihm wollten. Oder es hat seine Angst vor der Übung noch nicht unter

Zeit zum Verarbeiten des Gelernten geben ...

abhängig vom Problem, vom Charakter des Pferdes und von Ihren eigenen Möglichkeiten.

Logische Überlegungen hinsichtlich Ihrer eigenen Leistungsgrenzen (Was kann ich mir gefahrlos zutrauen?) und hinsichtlich diverser Sicherheitsvorkehrungen schützen Sie vor vielen – wenn auch nicht allen – unliebsamen Überraschungen bei der Korrekturarbeit.

Für manche Probleme gibt es mehrere Startpunkte, z.B. vom Boden aus, frei oder an der Longe, vom Sattel aus, in der Bahn oder im Gelände. Überlegen Sie immer, welcher Startpunkt einfacher und sicherer sein könnte.

Sicherheits-überlegungen

Die Sicherheit sollte bei der Auswahl der Korrekturmethoden an erster Stelle stehen. Es nützt Ihnen nichts, wenn Sie oder das Pferd sich während der Korrektur verletzen. Achten Sie deswegen darauf, Ihrem Pferd bei Übungen am Boden nicht „zu nahe zu treten". Arbeiten Sie auf Distanz – im Roundpen oder an einem langen Führstrick und halten Sie sich aus dem Schlagbereich der Hufe heraus. Ganz dicht neben Vorder- oder Hinterbeinen sind Sie auch wenig in Gefahr – solange das Pferd sich nicht schnell bewegt. Wenn Sie im Sattel sitzen, provozieren Sie am besten keine Situationen,

Kontrolle. Beides verhindert einen Lerneffekt. Erst, wenn das Pferd (wieder) ruhig geworden ist, kann es eine Lektion „verdauen". Es hat dann entweder seine Angst überwunden bzw. kontrolliert sie oder es weiß, dass es richtig auf die Wünsche des Alphatieres (des Ausbilders) reagiert hat. Wenn das Pferd während einer Übung herumzappelt oder nervös wird, macht das nicht viel; das ist seine Art Unsicherheit zu zeigen. Es muss nur nachher ruhig sein – daran können Sie sehen, dass Sie gut gearbeitet haben.

Wenn das Pferd mit gesenktem Kopf ruhig dasteht, Sie (bei der Bodenarbeit) aufmerksam ansieht und dabei kaut, dann „denkt" es

über die vorangegangene Übung nach und verarbeitet sie. In diesem Moment hat das Pferd etwas gelernt.

Die Abstumpfungsmethoden wie z.B. das Aussacken funktionieren nach diesem Muster – das Pferd wird einer stresserzeugenden Situation ausgesetzt und aufgeregt. Danach lässt man es wieder ruhig werden und daraus lernen, dass alles halb so schlimm war (siehe auch „Logische Systeme", S. 18).

Die Qual der Wahl

Welche Methode Sie wählen um Ihrem Pferd eine unerwünschte Verhaltensweise abzugewöhnen, ist

Manchmal passt der alte Sattel nicht mehr ...

Sattel vielleicht im Schulterbereich, wo er vor einem halben Jahr noch gut gepasst hat. Überprüfen Sie also ab und zu den Sitz Ihres Sattels. Manche Pferde sind auch – durch ungleichmäßige Arbeit oder deutliche naturgegebene Steifheiten auf einer Seite – etwas asymmetrisch. Eine (vorübergehende) Aufpolsterung der Satteldecke auf der schwächeren Seite kann verhindern, dass der Sattel dann ungleichmäßig auf den Pferderücken drückt. Auf lange Sicht hilft natürlich ein systematischer Muskelaufbau durch gezieltes Training auf der schwächeren Seite.

Satteldecken oder Pads, die irgendwo Falten werfen, bedingen auch so manches Problem. Überprüfen Sie also diese Möglichkeit ebenfalls.

in denen Sie die Kontrolle über das Pferd verlieren könnten. Reiten Sie vorausschauend und überlegt. Traben Sie nicht, wenn Sie das Pferd aus dem Schritt nicht anhalten können. Galoppieren Sie nicht im Gelände, wenn Sie wissen, dass das Pferd bei solchen Galopps unkontrollierbar wird. Reiten Sie nicht mit einer Gruppe von „wilden Reitern", die keine Rücksicht darauf nehmen, dass Sie vielleicht mit Ihrem Pferd zur Zeit nur Schritt reiten wollen oder können.

Je kleiner und bescheidener die einzelnen Lernschritte und Lernziele, desto weniger begeben Sie sich in Gefahr. Bauen Sie Ihr Korrekturprogramm also langsam auf; beginnen

Sie mit sehr einfachen Übungen, die das Pferd noch nicht zu Widersetzlichkeiten veranlassen und steigern Sie in kleinen Schritten.

Überprüfung der Ausrüstung und Hilfsmittel

Es gibt tatsächlich einige Probleme, die sich mit einer Änderung der Ausrüstung beheben lassen. Das gilt hauptsächlich dann, wenn z.B. ein Sattel nicht oder nicht mehr passt. Das kommt häufiger vor als man denkt, nämlich dann, wenn ein Pferd sich durch die Arbeit verändert hat und mehr Muskeln aufgebaut hat. Und auf einmal zwickt ein

Was die Verwendung von Hilfszügeln beim Reiten betrifft, so ist es in fast allen Fällen eher sinnvoll, evtl. benutzte „Krücken" dieser Art zu entfernen statt neue hinzuzufügen. Hilfsmittel in Form von Roundpen, Reitbahnbegrenzungen, Markierungen (als Orientierungshilfen) und „Handwerkszeug" wie Gerte, Peitsche oder Seil sind jedoch sinnvoll um Ihnen die Arbeit zu erleichtern. Achten Sie bei „Arm- und Reichweitenverlängerern" wie Gerte, Peitsche, Longe oder Seil darauf, dass Ihnen diese Hilfsmittel gut in der Hand liegen, nicht zu schwer sind und sich nicht leicht verknoten

*Bei den Zäumungen gilt oft:
Weniger ist mehr.
Das Sidepull ist eine milde und maul-
schonende Ausbildungszäumung.*

Kontrolle gerät, mit keinem Gebiss der Welt halten können: Provozieren Sie keine unnötig gefährlichen Situationen, indem Sie einen „Feuerstuhl" von jetzt auf nachher im Gelände mit einem „Nasen-bändchen" reiten.

Änderung der Haltungsbedingungen

Viele Pferde sind und werden problematisch, weil sie nicht artgerecht gehalten werden oder weil sie z.B. von Weidehaltung auf reine Stallhaltung umgestellt wurden. Verhaltensstörungen durch zu wenig Bewegung, zu wenig Licht und ungenügenden Kontakt mit Artgenossen wirken sich immer auch auf die Arbeit unter dem Reiter aus. Ein energiegeladenes Pferd, das bei jeder Gelegenheit in die Luft geht, kann durch genug freie Bewegung im Auslauf und durch Spielen mit den Kumpels so viel Spannung abbauen, dass es sich nicht unter dem Reiter ausbuckeln muss. Ein ängstliches Pferd wird durch die vielfältigen Reize, denen es auf der Koppel ausgesetzt ist, „desensibilisiert" und es wird viel von seiner Angst verlieren, wenn es sieht, dass die Weidekollegen sich nicht so schnell aus der Ruhe bringen lassen. So manches Problem gibt sich dadurch von selbst. Nebenbei haben Weidepferde auch eine bessere Grundkondition als Boxenpfer-

oder verheddern. Und üben Sie den zielgenauen Einsatz zur Not ohne Pferd, bis Sie sicher damit umgehen können. Was Sie genau verwenden, ist nicht so wichtig, Sie müssen sich nur damit wohl fühlen und bei der Arbeit damit sicher sein – sicher im Sinne von erfahren und geübt und auch im Sinne von gefahrlos. Gebisse sollten eher milder werden

als schärfer, wenn Sie die Zäumung Ihres Pferdes für die Korrekturarbeit ändern wollen. Die Verwendung eines milderen Gebisses oder einer gebisslosen Zäumung hat schon bei manchen nervösen, hektischen Pferden Wunder gewirkt. Testen Sie jedoch eine solche Zäumung nicht gleich im Gelände. Auch wenn Sie ein Pferd, das Ihnen aus der

„Weg mit der Hand" – das hilft bei vielen Reitproblemen.

ist dann ganz etwas anderes als ein Buckler um überschüssige Energie loszuwerden. Man sieht es dem Pferd meist am Gesicht an, ob es aus Schmerzen bockt oder weil es zu viel Kraft hat. (Dazu mehr im praktischen Teil, S. 94 ff.) Die richtige Diagnose ist besonders in hartnäckigen Fällen fast nur durch Röntgen möglich.

Ein „Kopfschnicker" hat vielleicht Zahn- oder Kopfschmerzen, ihm jucken die Ohren oder er ist lichtempfindlich. Eine genaue Beobachtung des Pferdes in verschiedenen Situationen – unter dem Reiter, auf der Weide, im Stall – kann bei der Beurteilung helfen, ob das Pferd sich durch Kopfschnicken der Arbeit bzw. einer evtl. zu harten Zügeleinwirkung entziehen will oder ob ihm etwas fehlt. Besonders, wenn es auch in der „Freizeit" (und ohne Mücken in der Nähe) schnickt, deutet das auf Letzteres hin.

Immer wieder auftretende Lahmheiten können alle möglichen Ursachen an Sehnen oder Knochen haben oder auf Rückenprobleme zurückzuführen sein. Eine Zügellahmheit, die der Reiter durch zu viel Einwirkung im Maul verursacht, sollte jedoch auch in Betracht gezogen werden – gerade, wenn der Tierarzt organisch nichts feststellen kann.

Die Liste lässt sich beliebig fortsetzen. (Ausführlicheres dazu im praktischen Teil, S. 61 ff.).

de, da sie sich – wenn auch meist nur im Schritt – dauernd bewegen.

Nicht erkannte Krankheiten

Ein letzter Ansatzpunkt beim Auftreten eines Problems ist immer die Möglichkeit, dass dem Pferd organisch etwas fehlt. Ein Rücken-problem kann durch einen eingeklemmten Nerv entstehen. Rückenschmerzen durch Verspannungen sind jedoch genauso real und schmerzhaft für das Pferd wie tatsächliche krankhafte Veränderungen der Wirbelsäule oder ein gereizter Ischiasnerv. Viele Pferde buckeln z.B. um einen solchen Rückenschmerz loszuwerden. Das

Die Wurzeln des Übels

Probleme erkennen

und zugeben.

Viele Probleme ließen sich im Ansatz unterbinden oder doch recht schnell beheben, wenn sich der Reiter darüber klar wäre, dass er überhaupt ein Problem mit seinem Pferd hat.

Doch „ein Problem zu haben", gibt man oft nicht so gerne zu. Schwierigkeiten mit dem eigenen Pferd kratzen am Selbstbewusstsein – man könnte sie ja selbst verursacht haben.

DIE BESTE AUSREDE TAUGT NICHTS

Nicht wenige Leute neigen dazu, ihr Pferd für das allerbeste auf der Welt zu halten und jede noch so berechtigte Kritik an ihrem Vierbeiner gleich persönlich zu nehmen. In gewisser Hinsicht ist das ja nicht schlecht, denn alle Schuld an Schwierigkeiten immer nur aufs Pferd zu schieben ist sicher der verkehrte Weg. Respektloses und aggressives Verhalten dem Menschen gegenüber zu dulden oder blind gegenüber deutlichen Exterieurmängeln zu sein ist jedoch genauso der falsche Weg – und zudem noch gefährlich.

In diesem Kapitel soll es deswegen um die Ansätze zur Problemanalyse gehen, insbesondere darum, Fehler und Schwächen bei sich selbst zu erkennen sowie Mängel in Exterieur oder Charakter und unerwünschtes Verhalten des Pferdes einzugestehen und etwas dagegen zu unternehmen. Kein Mensch/Reiter und kein Pferd ist ohne Fehler. Nimmt man diese Tatsache als gegeben hin, dann ist es nicht mehr so schwer, Ursachenforschung zu betreiben und aus den eigenen Fehlern zu lernen bzw. eine Unzu-

länglichkeit des Pferdes durch systematische Arbeit zu bessern.

Liebe macht blind

Nicht nur Liebe, sondern auch Besitzerstolz kann blind machen, wenn es darum geht einen Mangel oder ein Fehlverhalten am eigenen Vierbeiner zu sehen oder einzugestehen.

Und lässt sich eine Untugend schließlich nicht mehr schönreden, dann kann man sie immer noch auf die Rasse oder die Abstammung des Pferdes schieben. Nach dem Motto: Das ist ein Trakehner – die sind alle so nervig. Oder: Vollblüter rennen, bis sie umfallen. Oder: Sein Vater war auch so ein Büffel und hat ihm die Dickfelligkeit vererbt.

Das alles sind fadenscheinige Entschuldigungen, denn Sie haben die Möglichkeit Einfluss auf die Entwicklung und das Verhalten Ihres Pferdes zu nehmen – aber nur dann, wenn Sie zugeben, dass Sie etwas im Verhalten des Pferdes stört und konsequent an dessen Beseitigung arbeiten.

Erinnern Sie sich an das erste Kapitel: Sie als Alphatier haben das Privileg zu entscheiden, was Sie Ihrem Pferd abgewöhnen und was Sie ihm beibringen.

Ein ungebärdiges Pferd ist kein Spaß, sondern eine potentielle Gefahr.

Mangelhafte Kommunikation

Die meisten Probleme entstehen durch eine Störung in der Pferd-Reiter-Beziehung; oder, wenn man so will, durch mangelnde Verständigung. Wer dabei wen nicht versteht, ist insoweit wichtig, wie es den Ansatzpunkt der Korrektur bestimmt.

Kommunikationsprobleme führen oft zu Kompetenzstreitigkeiten.

Wenn das Pferd seine Grenzen nicht genau kennt, nimmt es sich Frechheiten heraus – und wenn der Reiter diese Ungezogenheiten durchgehen lässt, verliert es Respekt und Vertrauen zu ihm. Und damit sind wir schon mitten in den verbreitetsten Schwierigkeiten.

Andererseits hat das Pferd spezielle Bedürfnisse, die Sie als sein Betreuer und Reiter befriedigen sollten, denn Sie sind als Alphatier für sein psychisches und physisches Wohlergehen und für seine Sicherheit verantwortlich. In Ihrer Funktion als Chef dürfen Sie es nicht enttäuschen.

Das Pferd als rangniederes Tier und Sie als ranghohes „Tier" haben jeweils einen bestimmten Handlungsspielraum, um den jeweiligen Rollen gerecht zu werden. Wenn Sie oder das Pferd diesen Spielraum verlassen – also „aus der Rolle fallen"–, dann ist die nach den sozialen Herdenregeln aufgebaute Kommunikation in Gefahr.

Das Pferd ist weder seelenloser Roboter noch Sportgerät, weder „süßes" Schoßtier noch Menschenersatz – also behandeln Sie es auch nicht so, denn damit fallen Sie aus der Rolle des beschützenden und gleichzeitig autoritären Alphatieres und werden vom Pferd nicht mehr verstanden. Reagieren Sie immer so, wie ein Alphatier reagieren würde. Fordern Sie die Befolgung Ihrer Wünsche nachdrücklich und machen Sie keine Kompromisse. Das Pferd fragt nicht nach dem „Warum". Es geht nur darum, ihm zu vermitteln, dass Sie etwas von ihm fordern können (weil Sie der Chef sind) und was Sie von ihm wollen. „Vielleicht" oder „Später" gibt es in der Kommunikation zwischen Mensch und Pferd nicht – nur konsequentes „Ja" oder „Nein" und „Jetzt".

Ansätze auf drei Ebenen

Es gibt drei grundsätzliche Bereiche, in denen Probleme entstehen und in denen dementsprechend Lösungskonzepte ansetzen müssen:

Kommunikation: Das Pferd dreht auf Kommando des Ausbilders im Roundpen nach innen – der Ausbilder hat seine volle Aufmerksamkeit.

Ein starker Unterhals kann Probleme verursachen.

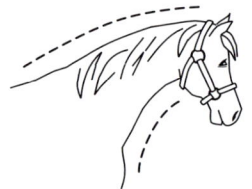

Unproblematischer Hals.

mehr als 45°

Die steile Schulter kann problematisch werden.

ca. 45°

Gute Schulter.

Die körperliche Ebene
Die psychische Ebene
Die emotionale Ebene

Alle drei Ebenen gilt es sowohl beim Reiter als auch beim Pferd zu überprüfen, d.h. wir haben grundsätzlich sogar sechs Ansatzpunkte. Oft kann man ein Problem nicht nur einem Bereich allein zuordnen, sondern es berührt mehrere. Interessant für die Korrektur ist jedoch: In welcher Ebene hat es begonnen oder – wenn das nicht festzustellen ist – in welchem Bereich ist es am schlimmsten?

Um das zu ergründen sollten Sie in der Lage sein Ihr Pferd und sich selbst halbwegs zutreffend zu beurteilen. Der folgende Fragenkatalog kann Ihnen vielleicht dabei helfen.

Schätzen Sie Ihr Pferd richtig ein

Die grundsätzlich vorhandenen Eigenschaften sowie Verhaltensmuster oder -störungen Ihres Pferdes zu erkennen ist nicht immer ganz einfach. Gerade „Problempferde" sind oft anders als sie scheinen.

Stellen Sie generell erst einmal das in Frage, was Sie zu sehen meinen.

Ist Ihr Pferd tatsächlich stur und phlegmatisch oder „hart im Maul" oder ist es durch falsche Behandlung abgestumpft?

Haben Sie wirklich einen potentiellen Durchgänger im Stall oder wurde ihm vielleicht das Rennen im Gelände anerzogen?

Hat Ihr Pferd wenig Schwung oder wurde ihm nur der Schwung durch eine unsensible Einwirkung mit der Hand weggeritten?

Ist Ihr Pferd von Natur aus unbequem und hart zu sitzen oder haben Sie es bloß nicht genug gymnastiziert?

Manchmal hilft es schon, einen anderen (evtl. einfühlsameren) Reiter auf dem Pferd zu sehen um die Antwort zu finden. Stellen Sie sich den Tatsachen – auch wenn die Antwort unbequem ist.

Der körperliche Bereich

Versuchen Sie Steifheiten oder Unregelmäßigkeiten im Bewegungsablauf zu lokalisieren, wenn Sie das Pferd frei laufen sehen oder longieren.

Wo erkennen Sie Schwachstellen oder Steifheiten – vorne (d.h. in den Vorderbeinen, in der Schulter, in den Ganaschen) oder hinten (d.h. in den Hinterbeinen)? Können Fehlstellungen im Beinbereich, eine zu steile Schulter oder zu enge Ganaschen dafür verantwortlich sein?

Sehen Sie andere deutliche Exterieurmängel? Stark über- oder unterbaute Pferde oder solche mit sehr tief angesetztem Hals, mit wenig Oberhals- und Rückenmuskulatur sind in Ausbildung und Korrektur schwieriger zu handhaben, weil Sie den Reiter von Natur aus schlechter im Gleichgewicht tragen können.

Wirkt das Pferd schlaksig oder elegant, kraftvoll oder plump? Weiß es nicht, wohin mit seinen Füßen und stolpert vor sich hin? Oder wird es eher zum „Tausendfüßler", wenn es in Gleichgewichtsschwierigkeiten kommt?

Nach welcher Seite will das Pferd sich nicht biegen?

Unproblematischer Rücken.

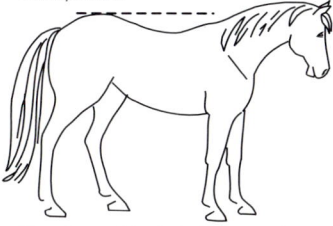

Das Pferd ist überbaut – oft wird bei solchen Pferden die Vorhand zu stark beansprucht.

Unterbaute Pferde haben manchmal zu wenig Kraft in der Hinterhand.

Setzt eine einseitige Steifheit sich nicht durch alle Lektionen hindurch fort (d.h. gibt es Lektionen, in denen es rechts, und andere, in denen es links besser reagiert)? Wechselt es die gute Seite? Woher kann das kommen?

Welche alten Verletzungen hatte das Pferd – soweit nachvollziehbar?

Der psychische Bereich

Versuchen Sie zudem sich über folgende Punkte klar zu werden:

Wie schnell lernt Ihr Pferd - wie schnell begreift es etwas Neues?

Das impliziert die Frage: Wie schnell langweilt es sich mit altbekannten Trainingsmustern? Wie schnell müssen Sie sich etwas Neues einfallen lassen um nicht das Interesse des Pferdes zu verlieren?

Wie mutig oder ängstlich oder neugierig ist das Pferd grundsätzlich?

Wie unterschiedlich reagiert es in gewohnter Umgebung, unter Stress, in der Herde, alleine? Welche Position hat es in der Herde – eine ranghohe oder eine rangniedrige? Ist die Position gesichert und akzeptiert oder gibt es immer wieder Rangeleien?

Wie gut setzt das Pferd Druck in Leistung um? Wie viel Druck verträgt es?

Der emotionale Bereich

Lernen Sie die Stimmung und den Gesichtsausdruck Ihres Pferdes einzuschätzen um festzustellen, ob es

Gerader Rücken.

Senkrücken.

Karpfenrücken.

Problematische Rückenformen.

sauer und ungnädig ist, ob es Angst oder Schmerzen hat, bei welchen Lektionen es Schwierigkeiten hat und unlustig aussieht.

Ist das Pferd zickig und launisch oder ausgeglichen? Reagiert es jeden Tag bei der Arbeit gleich oder müssen Sie häufiger auf Überraschungen gefasst sein?

Gute Ganaschenfreiheit erleichtert ein „Zusammenstellen" des Pferdes.

Enge Ganaschen bereiten häufig Schwierigkeiten.

Manche Pferde sind gute Schauspieler und spielen „Angst" oder „Erschrecken" um ihren Reiter ein wenig auszutesten oder sich einer ungeliebten Arbeit zu entziehen. Andere stellen sich aus dem gleichen Grund dumm.
Die Antworten darauf geben Ihnen Aufschluss über das Arbeitstempo für die Korrektur.

Selbst dran schuld …

Schuld ist immer der Reiter. Dieses Statement können Sie als bösartige Verallgemeinerung bezeichnen, es trifft aber oft zu – wenn auch nicht immer auf den derzeitigen Reiter, der sich mit dem aktuellen Problem herumschlagen muss. Es können ebenso seine Vorgänger gewesen sein.
Ein wenig Selbstkritik hilft Ihnen zu beurteilen, ob einige Probleme in Ihrem eigenen Verhalten oder auch dem eines „Mitreiters" auf dem gleichen Pferd begründet liegen. Besonders bei Reitpartnerschaften, bei denen zwei Reiter dasselbe Pferd reiten, können Sie deutlich sehen, ob das Pferd bei Ihnen anders reagiert als bei Ihrer Reitbeteiligung.

Der körperliche Bereich
Wie schätzen Sie Ihr eigenes reiterliches Können ein? Sitzen Sie ausbalanciert oder brauchen Sie den Zügel als Halteseil? Nur, wenn Sie unabhängig sitzen, sind Sie in der Lage differenzierte und präzise Hilfen zu geben. Und nur dann können Sie Fehler des Pferdes überhaupt korrigieren.
Sind Sie sportlich durchtrainiert und beweglich? Oder bräuchten Sie dringend ein wenig Gymnastik? Nicht nur das Pferd muss gymnastiziert werden, sondern auch Sie als Reiter sollten nicht steif wie ein

Stock sein, denn diese Steifheit übertragen Sie auf die Bewegungen des Pferdes.

Der psychische Bereich
Wie sieht es aus mit Ihrer Fähigkeit sich dem Pferd verständlich zu machen? Halten Sie sich für einen guten Lehrer? Bauen Sie den Unterricht bzw. die „Umerziehung" mit Ihrem vierbeinigen Schüler logisch und pferdeverständlich auf? Haben Sie als zweite Fremdsprache „Pferdisch" gelernt und kennen die Verhaltensmuster, nach denen Pferde reagieren?
Oder fordern Sie zu viel auf einmal nach dem Motto: „Das muss der blöde Kerl doch nun endlich mal kapiert haben."
Unterfordern oder langweilen Sie das Pferd mit ewigen Wiederholungen – oder geben Sie ihm die Möglichkeit selbständig und aus Erfahrung zu lernen?
Wie steht es mit Ihrem Durchsetzungs- und Durchhaltevermögen, Ihrer Konsequenz? Sind Sie ungeduldig und werfen die Flinte schnell ins Korn, wenn etwas nicht auf Anhieb klappt?
Wie steht es mit der Einschätzung von objektiven Gefahren?

Der emotionale Bereich
Sind Sie ruhig und beherrscht genug um auch bei einem hektisch zappelnden Pferd nicht die Nerven zu verlieren – und reaktionsschnell

genug um sich rechtzeitig aus einem Gefahrenbereich zu entfernen?

Haben Sie ein zu weiches Herz, so dass Ihnen jeder Rüffel, den Sie dem Pferd geben, in der Seele wehtut – oder sind Sie energisch nach der Devise: „Und ich gewinne doch – ich bin nämlich hier der Chef."?

Wie viel Ehrgeiz haben Sie und wofür setzen Sie ihn ein?

Können Sie mit Kritik umgehen? Geben Sie eigene Fehler ohne Umschweife zu oder reden Sie sich gerne heraus?

Sind Sie ein ängstlicher Reiter? Wie gehen Sie mit Ihrer Angst um? Geben Sie sie zu oder versuchen Sie niemanden etwas merken zu lassen? Verlassen Sie sich drauf – auch wenn Sie alle Menschen in Ihrer Umgebung täuschen können, Ihr Pferd weiß, dass Sie Angst haben – und wird es schamlos ausnutzen, wenn Sie mit Ihrer Angst nicht umgehen können.

Ein wenig Angst, die Sie ruhig zugeben dürfen, verhindert, dass Sie sich unnötig in Gefahr begeben. Gerade Korrekturpferde stellen oft ein Sicherheitsrisiko dar. Seien Sie sich dieser Tatsache bewusst und treffen Sie so viele Vorsichtsmaßnahmen wie möglich, damit Sie nicht im Kran-kenhaus landen.

Doch nun genug der theoretischen Vorrede – kommen wir zum praktischen Teil.

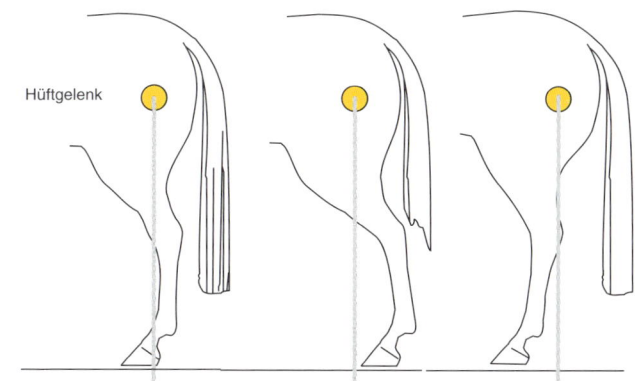

Hüftgelenk

Normale unproblema-tische Stellung.

Rückständig: Das Pferd pro-duziert zu viel Schubkraft.

Unterständig: Gute Tragkraft – jedoch Gefahr der Sprunggelenks-Überlastung.

Auch das bestgerittene Pferd kann mal einen Satz machen – können Sie damit umgehen?

Gymnastik für den Reiter – gegen Steifheiten, Angst und Balanceprobleme

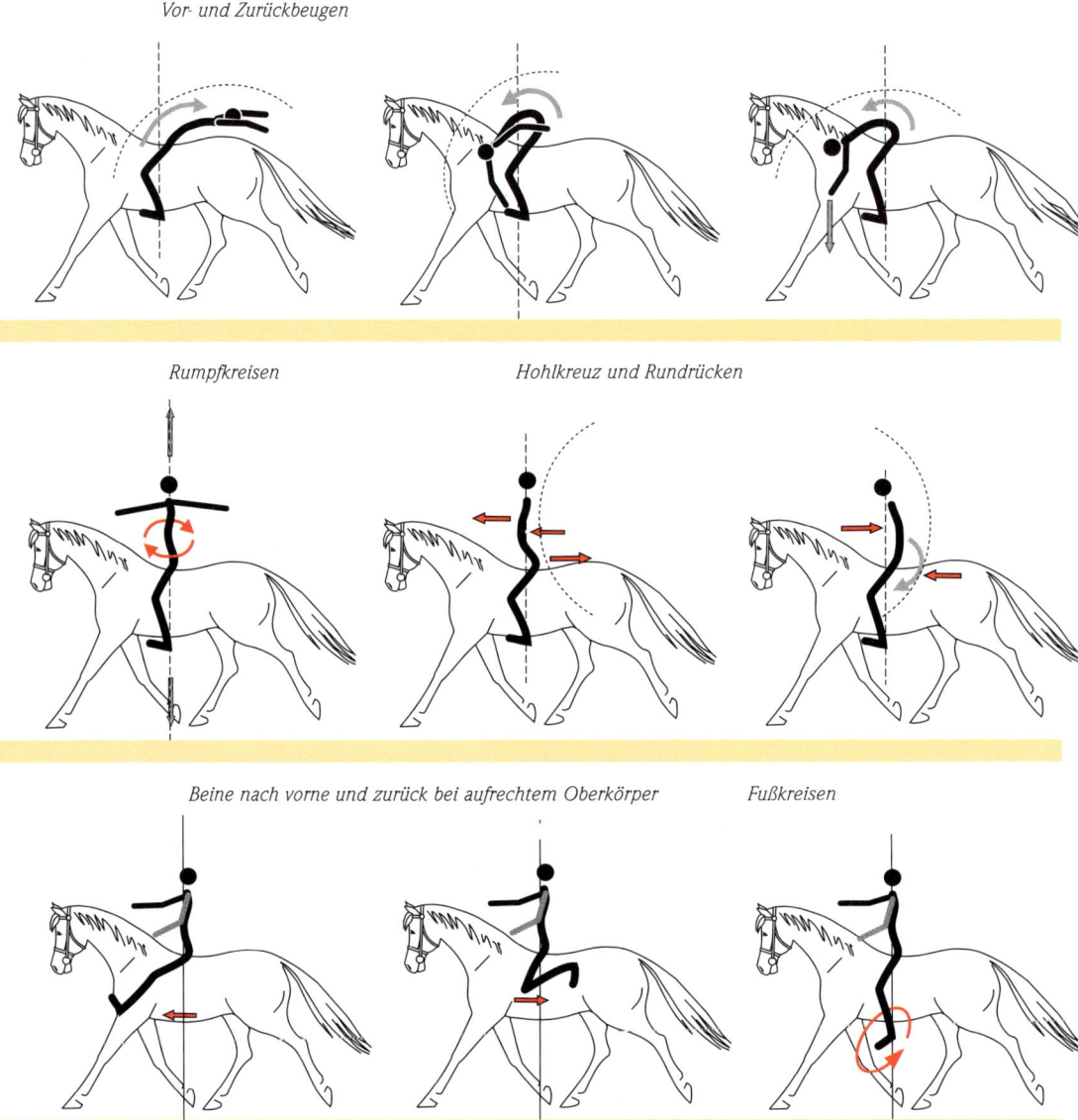

Vor- und Zurückbeugen

Rumpfkreisen

Hohlkreuz und Rundrücken

Beine nach vorne und zurück bei aufrechtem Oberkörper

Fußkreisen

Was tun, wenn ...

Vertrauensaufbau

und Gewöhnung.

Verbesserung der

Kontrolle.

Probleme im Umgang,

die nur bedingt

oder auch gar nicht

mit dem Reiten

zu tun haben, werden von

vielen Reitern nicht so ganz

ernst genommen –

zumindest so lange,

wie nichts Gravierendes

schief gelaufen ist.

LÄSTIG BIS GEFÄHRLICH

Schwierigkeiten beim Aufheben der Hufe werden so lange ignoriert, bis der Schmied sich weigert das Pferd zu beschlagen. Das Verladen wird spätestens in dem Moment wichtig, wenn das Pferd einmal dringend in die Klinik muss. Und ein wasserscheues Pferd wird dann zum Problem, wenn Sie auf einem Wanderritt einen meilenweiten Umweg reiten müssen, weil sich Ihr Pferd weigert sich die Füße nass zu machen. In dieser Kategorie von Problemen gibt es wieder schwer wiegendere,

z.B. die gefährlichen Unarten wie Beißen oder Treten, und andere, die nur bei bestimmten Gelegenheiten für Ungemach sorgen.

Die meisten dieser mehr oder weniger nervigen Probleme sind lösbar. Sie brauchen nur etwas Konsequenz, Geduld und gesunden Menschenverstand – und bekommen im Gegenzug dafür ein Pferd mit guten Manieren, mit dem nicht nur das Reiten, sondern auch der Umgang Spaß macht.

Gewohnheitssache

**Gewöhnungsprogramme –
Antrainieren
von erwünschten Reflexen**
Pferde, die sich nicht anbinden lassen, die kopfscheu sind, sich nicht aufzäumen lassen, die Hufe nicht geben oder beim Aufsteigen nicht stehen bleiben wollen, müssen „umgewöhnt" werden. Oft sind Angst oder schlechte Erfahrungen im Spiel und viele Vorgehensweisen für die Angstüberwindung sind auch beim Gewöhnungstraining sinnvoll. Manchmal sind es aber auch einfach nur schlechte Angewohnheiten, mit denen das Pferd lange durchgekommen ist, und die wir ihm wieder abgewöhnen müssen, indem wir sie ihm unbequem machen.

Angebunden: Dem Druck nachgeben

Beginnen wir mit Pferden, die sich nicht anbinden lassen. Diese Pferde weigern sich prinzipiell einem Druck nachzugeben und eine Beschränkung ihrer Bewegungsfreiheit hinzunehmen. Bevor wir sie anbinden können, müssen wir sie lehren einem Druck des Halfters auf das Genick nachzugeben. Das funktioniert am besten durch „Führtraining". Das Pferd muss lernen uns zu folgen, wenn wir Zug am Halfter ausüben. Viele Pferde reagieren mit

Ein am Anbindestrick tobendes Pferd kann eine Menge Schaden anrichten.

*Das Pferd muss sich anbinden lassen –
egal ob zu Hause beim Abspritzen ...*

... oder unterwegs bei der Rast im Wald.

Gegendruck auf einen vorwärts gerichteten Zug am Führseil und werfen Kopf und Hals hoch um sich dagegen zu wehren. Genau diese Reaktion müssen Sie dem Pferd abgewöhnen. Es spielt nämlich grundsätzlich keine Rolle, ob das Pferd den Druck am Halfter selbst aufbaut, indem es am Anbindestrick zurückzieht, oder ob Sie den Druck ausüben, indem Sie am Strick ziehen. Gegen einen vorwärts gerichteten Zug kann sich das Pferd recht

gut wehren und es wird wie ein Sägebock alle viere in den Boden stemmen und Sie vorne ziehen lassen, so viel Sie wollen, wenn es keine Lust hat mitzukommen. Lassen Sie es nicht auf ein Tauziehen ankommen, denn das Pferd gewinnt dabei sowieso. Greifen Sie lieber in Ihre Trickkiste und überlisten das Pferd, indem Sie es erst einmal zur Seite abwenden, wenn es nicht mitkommen will. (Beim Reiten machen Sie grundsätzlich das Glei-

che, wenn das Pferd gegen die Hand geht.) Stellen Sie sich seitlich neben das Pferd und biegen Sie seinen Hals stark zur Seite. Diese Stellung wird ihm schnell unbequem werden und es wird schließlich einen Schritt seitlich auf Sie zu machen. Führen Sie auf diese Weise das Pferd in einem Kreis, so dass Sie immer seitlich Zug am Halfter ausüben, wenn es Ihnen nicht folgen will. Vergrößern Sie schließlich den Kreis, bis Sie geradeaus gehen und das Pferd auch auf direkten Zug nach vorne nachgibt, indem es folgt. Üben Sie das rechts- und linksherum. Wollen Sie einen direkten Zug nach vorne am Seil verstärken, so tun Sie das durch vibrierendes Annehmen und Nachgeben (Stellen Sie sich vor, Sie hätten ein Gummiband und kein unnachgiebiges Seil in der Hand.) Damit verhindern Sie, dass das Pferd Gegendruck aufbaut und zurück-zieht.

Versuchen Sie dann das Pferd stehen zu lassen, ein paar Schritte nach vorne wegzugehen und es schließ-lich auf gerader Linie zu sich heran-zuholen. Wenn es dem Druck willig nach vorne nachgibt und zu Ihnen kommt, können Sie mit Anbinde-übungen beginnen. Nehmen Sie einen langen Strick und lassen ihn frei (mit Umlenkung) um einen stabi-len Zaunpfosten oder durch einen dicken, stabilen Ring an einem Pfosten laufen – auf der einen Seite das Pferd, auf der anderen Seite Sie. Simulieren Sie das Angebundensein, indem Sie das Pferd vor den Pfosten stellen und ihm einen Widerstand durch Zug am Strick bieten, wenn es sich mit dem Kopf weiter als andert-halb Meter von dem Anbindepfos-ten entfernt. Das Pferd muss nun auch in dieser Situation dem Zug nachgeben. Tut es das, so sollte es auch angebunden nicht mehr versu-chen nach hinten zu zerren. Zerrt es doch noch einmal zurück, so lassen Sie Ihr Ende des Seiles einfach los.

Das Pferd lernt auf Druck den Kopf zu senken.

Lassen Sie sich nicht auf einen Ziehkampf ein. Kehren Sie stattdes-sen zu den Führ- und Nachgebe-übungen zurück und versuchen Sie die Vorübung zum Anbinden erst nach einigen Tagen wieder.

Sollte es danach doch noch einmal in Ihrem Beisein am Anbindehaken ziehen, weil es sich z.B. erschrocken hat und einen Satz nach hinten macht, dann können Sie es auch mit einer „Gegenschrecktherapie" ver-suchen, bei der Sie dem Pferd, während es noch nach hinten zerrt, mit einer Jacke, einer Decke, einem Reisigbesen oder irgendetwas, was gerade in Griffweite herumsteht und groß genug ist um ihm einen Schrecken zu versetzen, von der Seite an die Kruppe schlagen. Das soll nicht wehtun, sondern das Pferd nur erschrecken und vom Zerren ablenken. Die meisten Pferde machen in dem Augenblick wieder einen kleinen Satz nach vorne – und der Druck aufs Genick verschwin-det. Dies ist jedoch nur ein Notfallprogramm, wenn das Pferd schon zieht. Zudem müssen Sie sehr schnell reagieren. Bei Pferden, bei denen Sie noch damit rechnen, dass so etwas evtl. passieren könnte, können Sie sich ja passende „Gerätschaften" zum schnellen Eingreifen bereitstellen.

Hochnäsig

Pferde, die sich nicht auftrensen lassen und den Kopf „hochnäsig" in die Luft strecken, können mit einer ganz ähnlichen Methode kuriert werden. Bringen Sie dem Pferd bei auf Zug am Halfter nicht nur zu folgen (wie oben), sondern auch den Kopf zu senken, wenn Sie den Zug nach unten ausüben. Wenn Sie wollen, können Sie Ihr Pferd auch anfangs mit einem Leckerbissen belohnen, wenn es auf den Druck im Genick nach unten nachgegeben hat. Hat das Pferd nun gelernt einem Druck aufs Genick nach unten nachzugeben, so können Sie statt des Genickriemens des Halfters auch mit der Hand Druck auf das Genick des Pferdes ausüben. Legen Sie die Hand auf das Genick und drücken Sie leicht nach unten – gibt das Pferd nach, so lassen Sie sofort los. Üben Sie das eine Weile ohne Trense – versuchen Sie den Kopf des Pferdes möglichst lange in dieser tiefen Stellung zu halten, indem Sie immer dann wieder etwas Druck aufbauen, wenn das Pferd den Kopf hochnehmen will. Drückt das Pferd jedoch vehement gegen Ihre Hand nach oben, so versuchen Sie nicht den Kopf mit Gewalt herunterzudrücken – Sie kommen gegen die Kraft im Hals Ihres Pferdes sowieso nicht an. Stattdessen lassen Sie das Pferd den Kopf hochnehmen und beginnen danach wieder von

neuem mit dem Druckaufbau. Mit der ganzen Prozedur wollen wir einen Reflex zum Kopfsenken auf Druck im Genick trainieren. Spätestens, wenn Sie beim Reiten ein Gebiss mit Hebelwirkung (bei dem Sie durch Annehmen der Zügel an den Hebeln auch Druck auf das Genickstück der Zäumung ausüben) benutzen, wird Ihnen dieser Reflex erneut zugute kommen.

Nun kann es aber auch sein, dass sich Ihr Pferd dem Auftrensen entziehen will, indem es das Maul nicht aufmacht. Dann ist Ihnen mit dem Kopfsenken allein nicht gedient – Sie müssen auch noch das Maul aufbekommen. Überlegen Sie in diesem Fall erst einmal, ob Sie das Pferd beim Auftrensen stören. Schlagen Sie ihm das Gebiss gegen die Zähne oder ziehen Sie ihm grob das Genickstück über die Augen und die Ohren? Dann ist es kein Wunder, wenn Ihr Pferd die Zähne zusammenbeißt oder den Kopf hochreißt und sich denkt „Nein, nicht schon wieder!"
Eiskalte Gebisse im Winter sind auch nicht gerade eine Freude für die Pferdezunge. Sie sollten Gebisse bei Minusgraden unbedingt anwärmen, bevor Sie sie dem Pferd ins Maul schieben.
Die bequemste Art dem Pferd das Maul zu öffnen ist, das Gebiss mit Honig oder Sirup zu bestreichen oder ein Stück Apfel mit auf die

Hand zu legen, wenn Sie ihm das Gebiss vor die Nase halten. Machen Sie dem Pferd das Gebiss – im wahrsten Sinne des Wortes – so schmackhaft wie möglich. Das ist natürlich keine Dauerlösung und das Pferd sollte sich schließlich auch ohne solche Bestechungshäppchen auftrensen lassen.
Dazu können Sie eine Weile „Trockentraining" machen und das Pferd immer wieder dazu veranlassen, das Maul zu öffnen, indem Sie ihm einen oder mehrere Finger auf die Zunge legen. Sie brauchen dabei keinen Druck auf die Laden auszuüben. Legen Sie nur die Finger ins Maul und reiben Sie, wenn das nicht genügt, etwas über die Zunge. Das Pferd wird das Maul öffnen um Ihre Finger loszuwerden.

Kopfscheu

Etwas anders sieht die Sache aus, wenn das Pferd sich im Kopfbereich schlecht anfassen lässt. Dann nützen Ihnen zwar auch alle oben beschriebenen Methoden, jedoch erst dann, wenn das Pferd prinzipiell bereit ist sich überall am Kopf von Ihnen berühren zu lassen.
Pferde, die kopfscheu sind, müssen also zuerst lernen sich anfassen zu lassen. Das gilt insbesondere für die Ohren, den Bereich um die Augen sowie Maul und Nase. Alles andere kommt später. Binden Sie das Pferd bei den nachfolgenden Übungen

Auch „Hufe geben" will gelernt sein.

nicht an und provozieren Sie keine panischen Reaktionen, indem Sie mit Gewalt versuchen mit der Hand an eine bestimmte Stelle des Kopfes zu gelangen und dort zu bleiben. Suchen Sie stattdessen eine Stelle am Kopf des Pferdes, an der es sich besser anfassen lässt. Oft – nicht immer – sind das die Stirn zwischen den Augen und die Backen. Die „einfachsten" Stellen bei Ihrem Pferd

werden Sie jedoch schnell herausfinden. Das Pferd zeigt sie Ihnen. Bearbeiten Sie nun zuerst diese Stellen, indem Sie das Pferd dort streicheln und den Streichelbereich langsam ausdehnen. Zuckt das Pferd zurück, so ziehen Sie die Hand wieder in einen schon akzeptierten Bereich zurück oder nehmen sie ganz weg und beginnen von neuem an einer unproblematischen Stelle. Es kann eine Weile dauern, bis sich das Pferd auch über kritische Stellen, wie die Ohren, fahren lässt. Diese kritischen Bereiche sollten Sie am Anfang nur ganz kurz einbeziehen und erst später, wenn das Pferd keine Anstalten mehr macht einer kurzen Berührung auszuweichen, länger mit der Hand dort verweilen. Gewöhnen Sie auf diese Weise das Pferd an die Berührung Ihrer Hände. Das kostet einige Beherrschung Ihrerseits, denn Sie sollten auf keinen Fall die Geduld verlieren – auch wenn das Pferd noch so häufig wegzuckt; manchmal provoziert es geradezu eine heftige Reaktion Ihrerseits, wenn es sich immer wieder hysterisch einer bestimmten Berührung widersetzt. Lassen Sie sich nicht aus der Ruhe bringen, denn damit machen Sie nur zunichte was Sie schon erreicht haben und beginnen bestenfalls wieder am Punkt Null, schlimmstenfalls noch davor.

Die wenigen Stunden, die Sie für diese Gewöhnung brauchen, sollten

Sie investieren um sich später nicht jedes Mal über das Pferd ärgern zu müssen, wenn es beim Auftrensen oder beim Halfteranlegen Schwierigkeiten macht. Besonders bei Weidepferden haben Sie dann auch beim Einfangen schlechte Karten. Abgesehen davon ist ein kopfscheues Pferd gefährlich im Umgang und hat Ihnen schnell einen ungewollten Kinnhaken versetzt, wenn Sie seinem Kopf zu nahe kommen.

Bodenständig

Mit ähnlichen Gewöhnungsmethoden können Sie vorgehen, wenn das Pferd Schwierigkeiten beim Aufheben der Hufe bzw. beim Beschlagen macht. Beginnen Sie bei Pferden, die sich die Hufe nicht aufheben lassen, mit den Vorderhufen (das ist einfacher und sicherer) und bleiben Sie möglichst dicht neben der Schulter des Pferdes stehen. Das ist die sicherste Stelle. Fahren Sie am Röhrbein entlang mit der Hand nach unten; klopfen Sie leicht an den Fesselkopf um das Pferd zum Anheben des Hufes zu veranlassen. Lehnen Sie sich gegen seine Schulter, wenn es wie festgewurzelt steht und sein Gewicht nicht auf das andere Bein verlagern will. Zur Not können Sie auch mit den Fingerknöcheln ein paar Mal an die Rippen klopfen, wenn das Gegenlehnen nicht fruchtet. Heben Sie den Huf nur kurz auf und stellen Sie

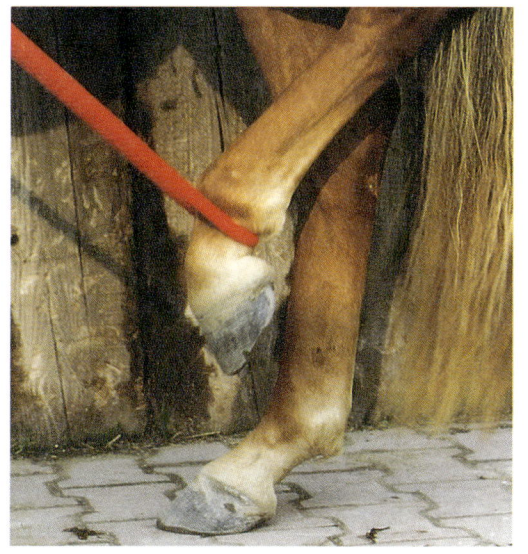
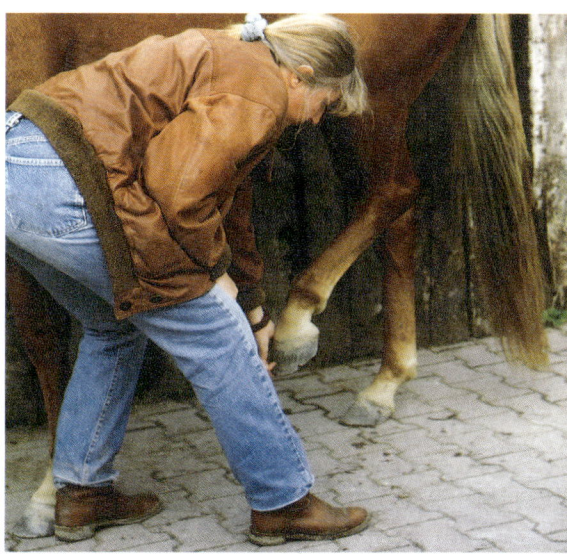

Bei Problemen mit dem „Hufe geben"...   *... außerhalb der Gefahrenzone arbeiten.*

ihn sofort wieder ab – nicht einfach fallen lassen, das kann Schäden am Hufbein verursachen. Verlängern Sie die Phasen, in denen der Huf in der Luft ist, langsam. Klopfen Sie schließlich mit einem Hufkratzer dagegen, wenn das Pferd stillsteht, und gewöhnen es so an die Arbeit des Schmiedes. Wenn das Pferd auf beiden Seiten vorne die Hufe gibt, können Sie das Gleiche an den Hinterhufen praktizieren. Hinten ist die Sache etwas kniffliger, denn dort ist der „gefährlichere" Teil des Pferdes. Stehen Sie direkt und dicht neben der Hinterhand des Pferdes, kann es Sie normalerweise auch beim Ausschlagen kaum treffen. Macht das Pferde große Probleme

mit den Hinterhufen, so können Sie auch neben der Schulter des Pferdes stehen bleiben und die Hinterhufe anfangs nach vorne aufheben, so dass Sie sie nicht nach hinten herausziehen müssen, was Sie in eine schlechtere Position bei einem ausschlagenden Pferd bringt. Lässt sich das Pferd schon nicht gut an den Hinterbeinen berühren, dann absolvieren Sie am besten ein ähnliches Programm wie beim kopfscheuen Pferd: Arbeiten Sie sich langsam von der Kruppe nach unten vor, bis sich das Pferd das gefallen lässt. Zur Not benutzen Sie ein Seil oder eine Gerte für die Berührung, wenn Sie sich mit der Hand nicht trauen. Achten Sie darauf, das Programm

auf beiden Seiten durchzuziehen. Heben Sie die Hufe erst dann auf, wenn das Pferd Ihre Berührung duldet ohne zu mucken. Haben Sie Bedenken, dass das Pferd Sie schlagen könnte, dann arbeiten Sie mit einem weichen Seil, das Sie dem Pferd um die Hinterfessel legen und damit den Huf nach vorne „hochziehen". Lassen Sie rechtzeitig wieder los, bevor das Pferd zu kämpfen beginnt.

Gehen Sie dann ähnlich vor wie bei den Vorderhufen und steigern Sie langsam die Aufhaltezeit. Versuchen Sie immer den Huf abzusetzen, bevor ihn das Pferd wegzieht. Und simulieren Sie schließlich das Beschlagen durch Klopfen am Huf.

Auch das Stellen der Hufe auf einen Bock zum Umnieten der Nägel können Sie ohne Stress simulieren. Der Schmied wird es Ihnen danken.

Macht das Pferd nur Probleme, wenn Sie den Huf sehr hoch oder lange heben, dann kann es sein, dass ihm das unangenehm ist. Ist es immer nur ein bestimmter Huf, bei dem das Pferd sich wehrt, liegt die Vermutung nahe, dass dem Pferd irgendetwas dabei wehtut. Eine alte Verletzung an dem hochgehobenen Bein wäre eine denkbare Ursache. Es kann jedoch auch gerade das andere Bein sein, auf dem das Pferd – aus welchem Grund auch immer – nicht so lange das Gewicht tragen kann oder will. Setzen Sie in all diesen Fällen öfter zwischendurch ab und heben Sie den betreffenden Huf nicht so hoch.

Es gibt auch Pferde, die nur beim Aufbrennen der Eisen aus dem Häuschen geraten. Überlegen Sie dann, ob das Aufbrennen überhaupt nötig ist oder ob der Schmied vielleicht zu lange aufbrennt und damit die Blutgefäße unter dem Horn zu stark erhitzt.

Manche Pferde benehmen sich auch besser, wenn sie sich verhältnismäßig frei und nicht in Ihrer Fluchtfähigkeit eingeschränkt fühlen. Das Pferd beim Beschlagen nicht anzubinden, sondern in einem abgegrenzten Raum frei (mit lose am Halfter herunterhängendem Strick) stehen zu lassen, hat bei extrem

schwierigen Pferden schon geholfen. Das erfordert jedoch etwas Geduld von Seiten des Schmiedes, weil das Pferd öfter mal spazieren geht und neu „positioniert" werden muss.

Ab und zu hilft es, den Stall- oder Weidegenossen neben dem zu beschlagenden Pferd anzubinden, damit es ruhiger wird und nicht zu sehr herumzappelt. Das sollte jedoch keine Dauerlösung werden, denn ein anderes Pferd steht vielleicht das nächste Mal nicht zur Verfügung.

Pferde mit Beruhigungsmitteln vor dem Beschlagen ruhig zu stellen nützt meistens nicht allzu viel. Wenn sich das Pferd aufregen will, regt es sich auch mit dem Sedativ auf. Ich habe Pferde gesehen, die nach einer hohen Dosis Medikamente kaum noch stehen konnten – und trotzdem kräftig auskeilten, sobald sich der Schmied den Hinterbeinen näherte. (Oft gibt es einen Grund für ein solches Verhalten – doch das nützt uns in diesem Augenblick nichts, denn wir können eine frühere schlechte Erfahrung nicht rückgängig machen.) Auch Nasenbremse oder ähnliche Zwangsmittel verschlimmern das Problem auf Dauer sicher nur, denn das Pferd verbindet mit dem Beschlagen dann immer etwas ganz Fürchterliches. Das eine oder andere Pferd widersetzt sich auch mit Nasenbremse oder Fußfessel noch gewaltig und gefährdet

dann sich selbst und alle Umstehenden. Langfristig werden Sie das Hufproblem nur „mit Geduld und Spucke" lösen können, will heißen mit der Gewöhnungstaktik und dem längeren Atem, wenn es ums Durchhalten von langweiligen und nervenden Gewöhnungsstrategien geht.

Diese Methoden der Gewöhnung und der Simulation des „Ernstfalles" sind für alle ähnlichen Probleme anwendbar – ob es Wurmkuren sind, die das Pferd sich nicht ins Maul spritzen lässt, Impfungen, die der Tierarzt nicht geben kann, weil das Pferd herumzappelt, oder die Behandlung von Verletzungen.

Auf und davon

Bleibt Ihr Pferd beim Aufsteigen nicht stehen, so arbeiten Sie mit einem ähnlichen Gewöhnungsprogramm. Pferde, die nicht stehen bleiben, tun dies hauptsächlich aus zwei Gründen nicht:

1. Sie empfinden das Aufsteigen (oder auch das Gerittenwerden selbst) als etwas Unangenehmes, was es ja oft genug auch ist, wenn der Reiter dem Pferd dabei im Maul zieht (weil die Zügel ungleich anstehen), die Stiefelspitze in die Rippen bohrt, ihm in den Rücken plumpst oder es seitlich fast umwirft, weil er nicht dicht genug am Pferd aufsteigt

und den Sattel dabei zur Seite herunterzieht. Kann man es dem Pferd verdenken, wenn es sich lieber davonmacht um diesem Ungemach zu entkommen?

Versuchen Sie diese Reiterfehler abzustellen oder auszuschließen. (Oder steigen Sie eine Weile über eine kleine Treppe bzw. einen Hocker auf, so dass Sie das Pferd nicht so sehr stören. Auch die Rennbahnmethode, sich von einem Helfer „aufwerfen" zu lassen, ist geeignet – jedoch nur für geschmeidige Reiter, die ihr Gewicht sofort auf den Oberschenkeln abstützen, wenn sie oben sind.)

Nun ist es natürlich so, dass das Pferd nicht wissen kann, dass Sie Besserung gelobt haben – oder das Aufsteigen an einer Holzattrappe geübt haben. Um dem Pferd das Weglaufen abzugewöhnen müssen Sie schließlich vorgehen wie im zweiten Fall beschrieben.

Seitlich abwenden, wenn sich das Pferd sofort nach dem Aufsteigen unerlaubt in Bewegung setzt.

2. Im zweiten Fall ist das Pferd einfach ungezogen. Es interessiert sich nicht dafür, was der Reiter gern möchte. Es hat unter Umständen nie richtig gelernt, dass es stehen bleiben soll, weil es der Reiter nie ausdrücklich korrigiert hat. Das mag alles bei kleinen handlichen Pferden noch funktionieren. Bei einem großen Pferd bekommt der Reiter jedoch ernsthafte Schwierigkeiten, wenn das Pferd losläuft, bevor er ganz oben ist. Besonders lustig wird es, wenn er im Gelände mal absteigen muss und dann beim Versuch aufzusteigen auf einem Bein (das andere ist im Steigbügel) hinter seinem losmarschierenden Pferd herhopst.

Was also tun?

Sie können einen Helfer anheuern, der sich vor das Pferd stellt und es am Vortreten hindert. Er sollte jedoch nicht am Zügel ziehen, sondern sich nur dem Pferd in den Weg stellen. Bleibt das Pferd dann brav stehen, bekommt es von oben – vom Reiter – einen Leckerbissen. Reiten Sie nun auf keinen Fall sofort los. Daher kommt vielfach das Übel: Das Pferd weiß, dass es sofort losgeritten wird, wenn der Reiter oben ist, und wartet schließlich gar nicht mehr, bis er oben ist, bevor es losmarschiert. Lassen Sie also Ihr Pferd immer nach dem Aufsitzen eine Minute stehen. Sie können diese Minute nutzen, indem Sie es mit leicht vibrierenden Zügelsignalen dazu auffordern, den Kopf tiefzunehmen und sich abzustrecken. Sie können es jedoch auch einfach entspannt stehen lassen; es soll auf jeden Fall warten, bis Sie ihm ein Signal zum Antreten geben. Läuft es vor diesem Signal los, dann nehmen Sie rasch einen Zügel auf und wenden es in einem engen Kreis seitlich ab. Durch die seitliche Wirkung des Zügels verhindern Sie, dass Ihnen das Pferd gegen die Hand geht und bekommen es schneller wieder zum Stehen.

Besser, als mit dem Helfer zu arbeiten (der nicht immer zur Verfügung steht), ist es jedoch, wenn Sie Ihr Problem allein lösen (d.h. nur zusammen mit Ihrem Pferd). Das hat den Vorteil, dass Sie unabhängig von fremder Hilfe sind und das Problem zudem viel dauerhafter lösen können. Sie brauchen jedoch etwas Kondition und Durchhaltevermögen dafür.

Suchen Sie sich ein ungestörtes Plätzchen auf dem Reitplatz, im Roundpen oder sonstwo. Es sollten keine anderen Reiter um Sie herumwuseln. Zuschauer mit „guten Ratschlägen" sollten Sie ebenfalls auf Abstand halten und ignorieren. Stellen Sie Ihr Pferd hin; lassen Sie die Zügel lose über dem Hals hängen. Sie brauchen nicht anstehen. Geben Sie nun mit der Hand Druck in den linken Steigbügel. Sobald das Pferd einen Schritt nach vorne macht, wenden Sie es mit den inneren,

Ihnen zugewandten Zügel zu sich hin ab, bis es wieder stehen bleibt. Dann loben Sie es ausgiebig und wiederholen das Spielchen mit dem Druck im Steigbügel – so lange, bis es aufgrund des Drucks nicht mehr davonläuft. Sie können nun die ganze Prozedur rechts wiederholen, bis es ruhig stehen bleibt. Die rechte Seite wird für das Pferd ungewohnt sein – unter Umständen tritt deswegen dort der gewünschte Lerneffekt viel früher ein: Es soll nicht loslaufen, wenn Druck in den Steigbügel kommt.

Gehen Sie dann wieder nach links und setzen einen Fuß in den Steigbügel, so als wollten Sie aufsteigen. Setzt sich das Pferd in Bewegung, nehmen Sie den Fuß wieder raus und wenden Sie es zu sich hin ab – so lange, bis Sie den Fuß mit Gewicht belasten können, ohne dass das Pferd davonmarschiert. Wieder ist Loben angesagt – und das Gleiche auf der anderen Seite. Rechts wird Ihnen das Ganze vielleicht schwer fallen, weil Sie es nicht gewohnt sind, von rechts aufzusteigen. Wenn Sie sich diese Übung rechts nicht zutrauen, geben Sie eben nur weiter Druck mit der Hand in den rechten Bügel. Schließlich steigen Sie zur Hälfte auf – und sofort wieder ab, wenn sich das Pferd dabei in Bewegung setzt. Wenden Sie es wieder ab und loben es, wenn es stehen bleibt. Wieder

zur Hälfte aufsteigen – usw.; so lange, bis Sie – mit beiden Beinen auf der einen Seite des Pferdes – im Bügel stehen können, ohne dass es sich bewegt. Greifen Sie über den Hals und klopfen das Pferd lobend am Hals – und steigen dann wieder ab. Das Gleiche, wenn Sie können, wieder auf der rechten Seite.

Und nun sind Sie soweit, dass Sie aufsteigen können. Gehen Sie wieder auf die linke Seite, steigen Sie halb auf und wenn das Pferd brav stehen bleibt, schwingen Sie das rechte Bein über den Sattel und lassen sich vorsichtig mit leicht vorgeneigtem Gewicht auf den Oberschenkeln nieder. Setzt sich das Pferd nun in Bewegung, wenden Sie es wieder möglichst schnell ab und verlangen das Stehenbleiben. Wiederholen Sie die Übung einige Male, bis sie sicher klappt – am besten auf beiden Seiten. Und wenden Sie das Pferd immer sofort ab, wenn es unaufgefordert losmarschiert; egal, in welcher Aufsteigephase Sie sich befinden.

Üben Sie das einige Tage hintereinander und das Problem sollte behoben sein. Verlieren Sie nicht die Geduld (und hoffentlich nicht die Kondition), wenn Sie am ersten Tag eine Stunde dafür brauchen; es lohnt sich langfristig. Selbst auf Pferde, die noch nicht geritten sind, kann man auf diese Weise allein aufsteigen ohne einen Helfer zu benötigen (natürlich nur mit einem entsprechenden Vorbereitungsprogramm). Das hat den Vorteil, dass sie von Anfang an daran gewöhnt werden, stehen zu bleiben, wenn ein Reiter aufsteigt.

Zappelphilipp auf vier Beinen

Pferde, die nicht stehen bleiben wollen – egal, ob an der Hand oder unter dem Reiter –, sind voller nervöser Energie und zudem oft uner-

zogen. Es kann aber auch sein, dass sie zappeln, weil sie nicht verstanden haben, was Sie von ihnen wollen. Das gehört jedoch prinzipiell auch in den Bereich „nervöse Energie". Versuchen Sie solche Pferde zu beruhigen, indem Sie ihnen „Sicherheit" vermitteln. Das können ein Lob oder einige beruhigende Worte im richtigen Moment sein, wenn sie ansatzweise ruhig stehen – ein Loslassen des Zügels oder ein entspanntes Zurücksetzen des Reiters.

Oft überträgt der Reiter seine eigene Nervosität auf das Pferd und hält durch einen ständig straff angenommenen Zügel auch das Pferd unter Spannung. Dann ist es kein Wunder, wenn das Pferd dauernd auf der Hut ist und angespannt von einem Fuß auf den anderen tritt.

Hat das Pferd nicht gelernt, dass es bei der Arbeit (mit Zäumung) nicht fressen darf, so kann auch dies ein Grund für die Unruhe sein – es interessiert sich mehr für seine fressbare Umgebung als für die Wünsche seines Reiters.

Bleibt das Pferd an der Hand nicht stehen, so trifft grundsätzlich das Gleiche zu.
Durch Führübungen und Bodenarbeit bis hin zu Hindernistraining (Trail) am Boden, bei der Sie das Pferd für sich und Ihre Wünsche interessieren, indem Sie es es dazu bringen, auf Ihre Körpersprache zu achten, kann man sowohl die Erziehung verbessern als auch dem Pferd die nötige Ruhe geben.
Reagiert es auf Ihre Signale, dann hat es Respekt vor Ihnen; hat es Respekt, dann hat es auch Vertrauen – das bedingt sich gegenseitig in der Verhaltensstruktur der Herde. Hat es Vertrauen und weiß, was es tun soll, dann ist es auch ruhig. Klingt ganz einfach. Ist es auch, wenn man keine logischen Fehler bei der Arbeit einbaut.

Ruhiges Stehenbleiben in jeder Situation ist angesagt.

Ausweichübungen am Boden

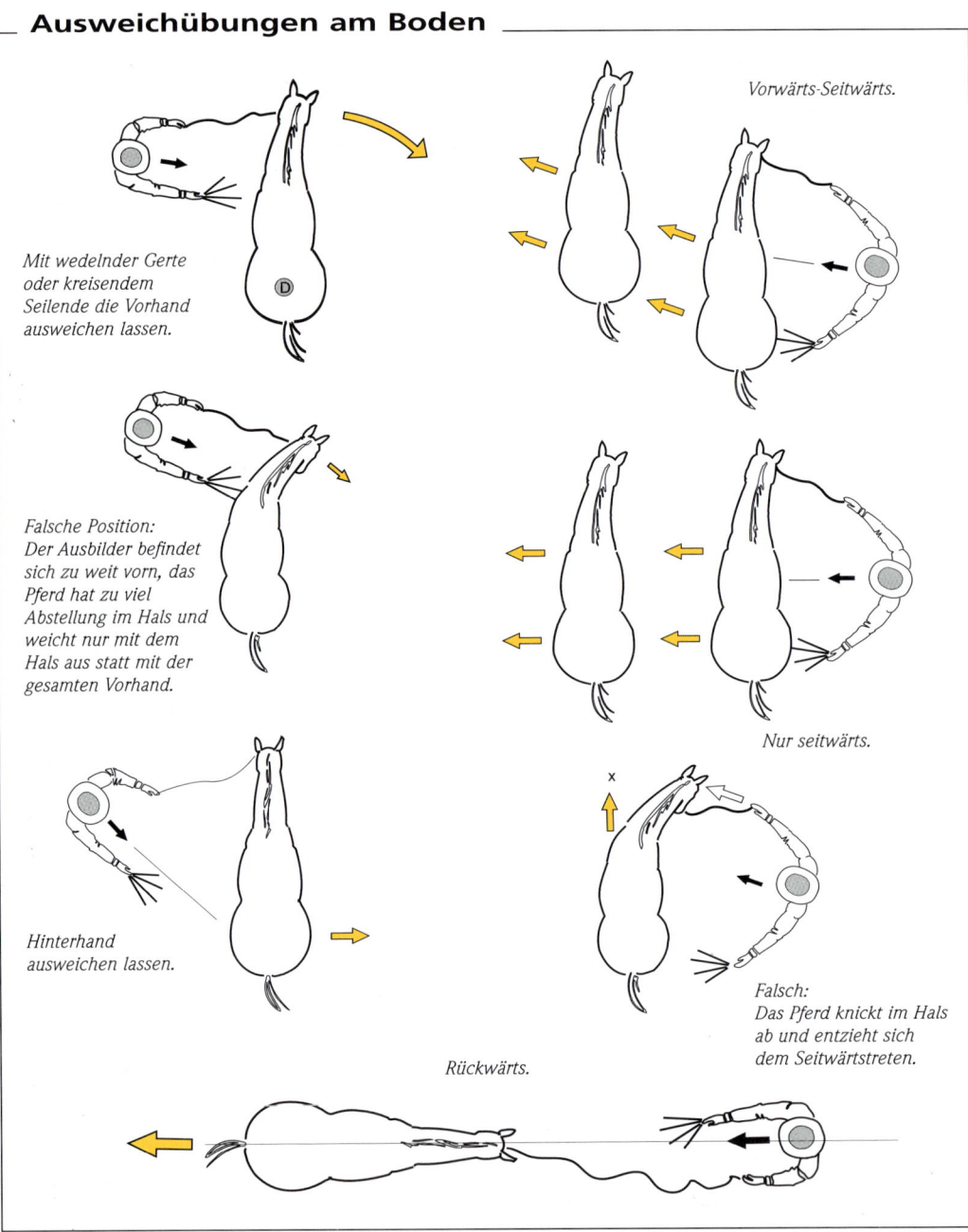

Mit wedelnder Gerte
oder kreisendem
Seilende die Vorhand
ausweichen lassen.

Vorwärts-Seitwärts.

Falsche Position:
Der Ausbilder befindet
sich zu weit vorn, das
Pferd hat zu viel
Abstellung im Hals und
weicht nur mit dem
Hals aus statt mit der
gesamten Vorhand.

Nur seitwärts.

Hinterhand
ausweichen lassen.

Falsch:
Das Pferd knickt im Hals
ab und entzieht sich
dem Seitwärtstreten.

Rückwärts.

Logische Fehler natürlich im pferdeverständlichen Sinne gemeint. Ein solcher logischer Fehler wäre z.B. eine Übung ohne Teilerfolg abzubrechen. Das verunsichert das Pferd, denn es weiß nach der Übung gar nicht, was Sie eigentlich von ihm wollten – aus dieser Unsicherheit heraus zappelt es denn auch lustig weiter. Haben Sie am Ende einer Übungseinheit ein hektisches Pferd, dann ist etwas falsch gelaufen.

Nur keine Angst ... Angstüberwindung und Abstumpfung

Pferde, die vor bestimmten Dingen Angst haben, die scheuen, irgendwo nicht vorbeiwollen, nicht in den Hänger gehen oder kleben, müssen Vertrauen zum und Respekt vor dem Menschen bekommen um seine Forderungen nicht mehr in Frage zu stellen. Sie müssen durch Angstüberwindungstraining dazu gebracht werden, ihre Angst zu kontrollieren und den Wünschen ihres Reiters trotzdem Folge zu leisten.

Alle Formen der Bodenarbeit sind für die Angstüberwindung gut geeignet – besonders das Aussacken, bei dem das Pferd am ganzen Körper mit Decken, Planen und schließlich auch Folien oder Klappersäcken berührt wird, und das Training von Trail- und Geländehindernissen, wie Wasser, Brücken,

Planen, das Hinterherziehen von Gegenständen und diverse andere „Mutproben". Das Pferd darf dabei herumhopsen und sich aufregen – es soll zum Ende der Übung jedoch wieder ruhig sein. Nur dann hat es seine Lektion gelernt und verdaut. Wenn ein Pferd nach einer spannenden Übung Kaubewegungen mit dem Maul macht, dann können Sie davon ausgehen, dass es gerade „nachdenkt" und verarbeitet, was Sie ihm vermitteln wollten.

Festigen Sie zuerst Ihre Stellung dem Pferd gegenüber mit einfachen Übungen am Boden, so dass Sie bei den eigentlichen Schwierigkeiten genug Kontrolle über Ihr Pferd

haben und es Sie nicht über den Haufen rennt. Geeignet sind dazu alle Führ- und Ausweichübungen (siehe Übersicht auf S. 52). Stellen Sie sicher, dass Sie die Vorhand und die Hinterhand des Pferdes unabhängig „steuern" können, die Bewegungsrichtung vorgeben können – seitwärts, rückwärts oder vorwärts – und das Pferd anhalten können, wann immer Sie wollen. Sehr hilfreich ist es auch, wenn Sie das Pferd rückwärts und vorwärts von sich wegschicken oder um sich herumschicken können.

Arbeiten Sie vom Sattel aus, dann gilt grundsätzlich das Gleiche: Eine Kontrolle des Pferdes muss in einfachen Übungen – und sei es nur im

Aussacken.

Angstüberwindung durch Abstumpfungstherapien – die Position der Ausbilderin ist jedoch auf diesem Foto ungünstig, denn das Pferd könnte sie so über den Haufen rennen.

will) benutzt werden kann, sollen jeweils eine Übung vom Boden und eine vom Sattel aus beschrieben werden. Die Methode funktioniert ebenso bei Pferden, die vor irgendetwas scheuen. Es geht darum, das Pferd trotz seiner Angst durch reiterliche Kontrolle bzw. Kontrolle am Boden zu überzeugen etwas zu tun. Es soll sich überwinden und „seinen Menschen" als denjenigen anerkennen, dem es auch bei Angst folgen kann, weil er nichts Lebensgefährliches verlangt. Der Erfolg des Systems hängt von der Ruhe, der Geduld und dem Durchhaltevermögen des Reiters bzw. Ausbilders ab. Oft genug auch von schnellen und zielgenauen Reaktionen, die nötig sind um das Pferd „auf Kurs" zu halten. Harte Strafen sind bei solchen vertrauensbildenden Aktionen untersagt. Sturheit des Ausbilders sowie unbequeme „Störaktionen" (Gertengewedel, kreisendes Seilende, Antippen mit der Gerte etc.), wenn das Pferd eine unerwünschte Variante wählt, sind hingegen erlaubt – und häufig nötig.

Schritt – erreicht sein, bevor wir uns an angstbesetzte Dinge heranwagen können. D.h., Sie müssen das Pferd sicher anhalten sowie Vorhand und Hinterhand steuern können.

Wir müssen das Pferd dazu bringen, seine Aufmerksamkeit auf uns zu richten und nicht ins Blaue zu schauen. An der Hand soll es uns ansehen,

unter dem Reiter soll es die Ohren zu uns wenden. Beides zeigt uns, dass es sich mit uns und unseren Signalen auseinander setzt.

Stellvertretend für das System, das bei allen Schwierigkeiten dieser Art (wenn das Pferd irgendwo nicht vorbei, rein, durch oder drüber gehen

Am Boden

Beispiel: Verladetraining

Diese Methode funktioniert genauso, wenn das Pferd an der Hand nicht über eine Stange, eine Brücke, eine Wippe, eine Plastikplane oder sonstwohin gehen will. Der Hänger ist ein „Hindernis" wie jedes andere. Behandeln Sie ihn anfangs auch so und nicht als Transportmittel. Dazu wird er erst, wenn das Pferd gelernt hat entspannt einzusteigen und darin zu stehen. Versuchen Sie nie unter Zeitdruck ein Pferd irgendwie in den Hänger zu bugsieren und dann mit einem nervösen Pferd loszufahren. Damit schaffen Sie sich die meisten Folgeprobleme erst: Das Pferd verbindet dann Hängerfahren mit Stress und wird weiterhin Schwierigkeiten beim Einladen machen – und deswegen immer erneut unter Stress geraten. Versuchen Sie stattdessen den Hänger zu einem bequemen Ort zu machen, den das Pferd betreten kann – und den es auch wieder verlassen darf, wenn es das für nötig hält.

Gehen Sie mit dem Pferd an der Hand auf den Hänger zu. Arbeiten Sie allein, ohne Helfer, die evtl. im Weg stehen könnten. Benutzen Sie ein Halfter und einen sehr langen, weichen Strick. Ziehen Sie Handschuhe an um Ihre Finger zu schützen. Das Pferd wird Ihnen so lange folgen, wie es keine Angst vor dem Hänger hat. Es wird an einem Punkt X vor dem Hänger stehen bleiben, an dem seine Bedenken vor der Kiste vor sich zu stark werden um weiter zu gehen. Lassen Sie es eine Weile am Punkt X stehen, bis es wieder entspannt wirkt. Fordern Sie es zum Weitergehen auf. Es wird Ihnen

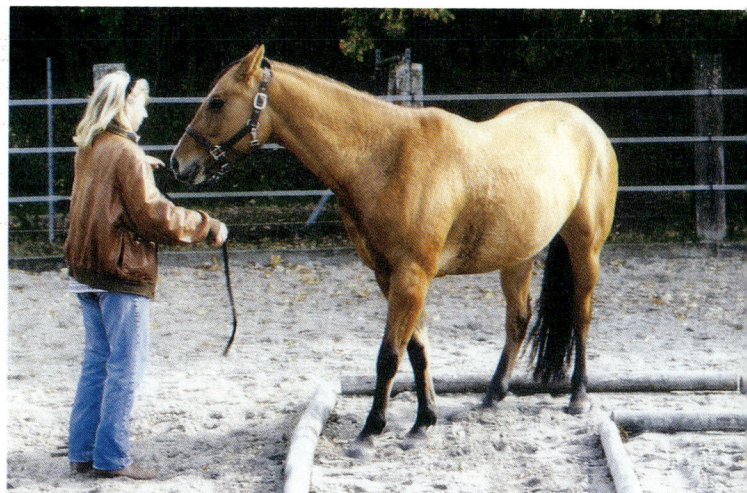

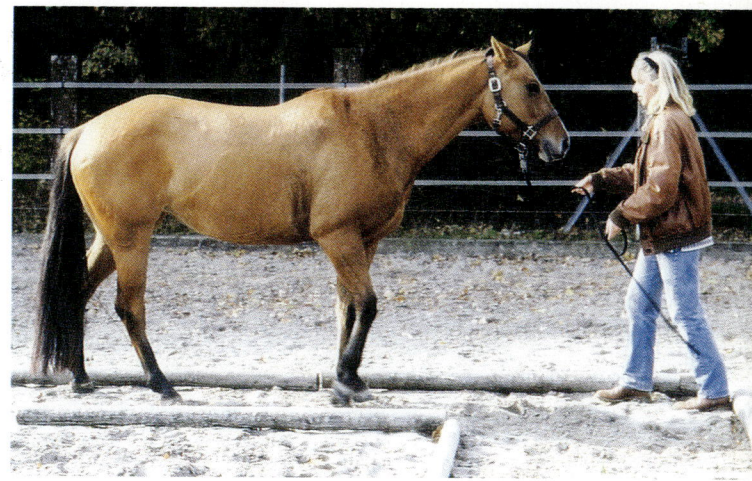

„Boden-Kontrolle" der Bewegungsrichtung rückwärts im Stangen-L.

folgen und kurz danach wieder stehen bleiben. Weicht es seitlich aus, benutzen Sie Ihre Kontrollmechanismen aus dem Ausweichtraining um seine Vorhand, speziell seinen Kopf, wieder auf den Hänger auszurichten. Wo sich die Hinterhand genau befindet, ist erstmal nicht so

wichtig. Es soll jedoch den Hängereinstieg immer im Auge behalten und seine Aufmerksamkeit nicht davon abziehen. Zerrt es unvermittelt rückwärts, so haben Sie wenig Chancen dagegen anzukommen – folgen Sie ihm rückwärts, bis es stehen bleibt und beginnen Sie von

neuem. Machen Sie dem Pferd alle Wege, die nicht in den Hänger hineinführen, unbequem, indem Sie immer wieder korrigieren und etwas von ihm fordern. Belohnen Sie alle Bewegen des Pferdes in Richtung Hänger durch kurzes In-Ruhe-lassen /Stehenlassen und verbales Loben bzw. Streicheln. Steht das Pferd kurz vor dem Einstieg, dann reicht es schon, wenn es versuchsweise ein Vorderbein hebt bzw. entlastet um es zu loben. Sie können daran sehen, dass es darüber nachdenkt, einzusteigen. Stellen Sie sich dabei neben den Einstieg und versuchen Sie das Pferd an sich vorbei in den Hänger zu schicken. Legen Sie ihm den Führstrick über den Hals, so dass es nicht drauftritt, Sie ihn aber schnell wieder greifen können, falls es rückwärts wieder herausschießt. Laufen Sie stattdessen vor ihm her und versuchen es nur durch „Folgenlassen" hineinzulotsen, dann kann es Sie erstens leicht überrennen, wenn es einem Satz hineinmachen sollte. Und zweitens haben Sie später ein Problem mit dem Schließen der Hängerklappe; wenn Sie vorne innen stehen, müssen Sie erst um den ganzen Hänger herumlaufen um hinten zuzumachen. Inzwischen ist Ihr Pferd evtl. schon wieder ausgestiegen. (Binden Sie das Pferd nicht an, bevor die Hängerklappe geschlossen ist!)

Arbeiten Sie nun weiter daran, das Pferd Bein für Bein in den Hänger zu lotsen. Das Pferd darf sich mit jedem Bein Zeit lassen. Es darf auch ohne „Strafmaßnahmen" mit jedem Bein wieder aussteigen. Lassen Sie ihm diese Freiheit – dann fühlt es sich nicht eingekerkert und steigt nachher umso leichter wieder ein. Sie können die Beine auch einzeln mit einer Gerte leicht antippen oder mit der Hand anheben um sie in Bewegung zu setzen.

Lassen Sie die Hängerklappe offen und das Pferd mehrfach ein- und aussteigen. Das Schließen der Klappe und das Losfahren sollten erst Tage später erfolgen, wenn das Pferd sich im Hänger fast „wie zu Hause" fühlt. Nur dann ist die Gewöhnung so gut, dass das Pferd ohne Stress gefahren werden kann. Ich habe eine Stute verladen, die mit dieser „Zermürbungstaktik" zwar gut allein in den Hänger einstieg (davor waren dazu immer fünf Helfer nötig), dann aber mit zitternden Hinterbeinen auf den Hufspitzen darin stand. Diese Unsicherheit gab sich erst nach zwei Wochen täglichen Verladetrainings. Hätte man das Pferd vorher schon gefahren, wäre die Verladearbeit vermutlich vergeblich gewesen, da das Pferd im Hänger noch massiv unter Stress stand und das Fahren auf den Hufspitzen gleichgewichtstechnisch sicher nicht gut vertragen hätte.

Wenn Sie dann schließlich guten Gewissens losfahren, dann fahren Sie so, dass das Pferd sich auch

Seite 56 und 57 (jeweils von oben nach unten):
Szenen einer Gewöhnungslektion:
1. Das Pferd weigert sich über eine Brücke zu gehen.
2. Erlauben Sie ihm nicht die Aufmerksamkeit von dem Hindernis wegzunehmen.
3. Auch, wenn es quer davor steht, macht das nichts.
4. Einen Teilerfolg können Sie verbuchen,
   wenn das Pferd quer über die Brücke geht.
5. Es dauert dann nicht mehr lange und es folgt Ihnen auch längs.

(Das Pferd ist übrigens auf Sidepull gezäumt – an der Trense sollte man so nicht arbeiten.)

„Bis hierher und nicht weiter!" – das Pferd hat etwas Alarmierendes gesehen und stutzt. Die Reiterin reagiert richtig, indem sie das Pferd erstmal in Ruhe lässt und sich entspannt zurücksetzt.

während der Fahrt wohl fühlen kann und nicht dauernd um sein Gleichgewicht kämpfen muss. Vemeiden Sie schnelle Starts und scharfe Bremsmanöver und fahren Sie langsam in die Kurven.

Sie können sich die Gewöhnung des Pferdes an den Hänger auch noch einfacher machen. Stellen Sie ihn offen auf die Weide und geben Sie den Pferden die Kraftfutter-Ration darin. Es besteht jedoch die Möglichkeit, dass

sich ein Pferd, das mal keine Lust zum Einsteigen hat, später trotzdem weigert sich verladen zu lassen, weil es auf diese Weise nicht gelernt hat den Forderungen des Menschen unbedingt Folge zu leisten.

Pferde, die schwierig zu handhaben sind (z.B. treten oder steigen), können Sie sogar auf Distanz im Roundpen über Hindernisse „treiben". Wenn Sie die Richtungs-

kontrolle mit dem Wenden des Pferdes beherrschen (siehe S. 60 f.) können Sie eine Plastikplane oder sogar einen offenen Hänger dem Pferd als den einzig bequemen Platz im Roundpen „verkaufen", indem Sie es immer dann arbeiten lassen – d.h. laufen und wenden – wenn es sich weiter als ein paar Schritte von dem Hindernis entfernt bzw. es nicht ansieht, sich also nicht damit auseinander setzen will.

Ideal sind Trainingsmöglichkeiten wie hier mit einer künstlich angelegten Furt.

UNTER DEM REITER

Wasserscheu

Die meisten Hindernisse können Sie mit dem Pferd am Boden üben, wenn Sie sich dort sicherer fühlen, und später erst aufsteigen. Mit den Wasserdurchquerungen ist diese Methode jedoch etwas unbequem, weil man sich dabei nasse Füße holt. Diese Lektion wird also vom Sattel aus gelehrt und steht stellvertretend für alle Hindernisse, über oder durch die das Pferd unter dem Reiter nicht gehen will: Planen – Brücken – Wippen – Felder voller Luftballons – Flattertore.

Suchen Sie sich eine Stelle an einem Bach oder See aus, die gut zugänglich ist: nicht zu steil und nicht zu matschig, so dass das Pferd nicht noch zusätzlich Angst bekommt, den Boden unter den Füßen zu verlieren. Reiten Sie nun so nah wie möglich an das Ufer heran, bis das Pferd von sich aus stoppt und uns damit sagen will: „Bis hierher und nicht weiter." Lassen Sie es eine Weile ruhig dort stehen, bis es sich wieder entspannt hat. Fixieren Sie nun die Stelle am Ufer, wo Sie hinmöchten, und stellen Sie auch den Kopf des Pferdes in diese Richtung. Fordern Sie es zum Antreten auf.

Will es sich seitlich entziehen, bleiben Sie so ruhig wie möglich und versuchen hauptsächlich durch seitliche Zügeleinwirkung (am besten mit weit herausgeführter innerer Hand) seinen Kopf wieder in Richtung Ihres gewählten Punktes auszurichten. Hier gilt die alte Regel: Das Pferd läuft dahin, wohin es schaut. Wir kehren sie nur um: Das Pferd soll dahin schauen, wohin es laufen soll. (Es muss dazu jedoch vorher gelernt haben dem inneren Stellungszügel auf jeden Fall durch Biegen des Halses nachzugeben – andernfalls haben Sie natürlich Probleme mit der Kontrolle. Wie schon eingangs erwähnt: Die Basis-Kontrolle muss gewährleistet sein.)

Macht es eine Kehrtwendung, so reiten Sie es genau entgegengesetzt wieder zu dem Punkt zurück, an dem es die Kehrtwendung begonnen hat. Das Pferd soll den gleichen Weg, auf dem es sich entzogen hat, wieder zurückgehen. Wenn es nach links ausgebrochen ist, soll es auch von links zurückkehren. (Das gilt für jede Art des Ausbrechens – auch in der Bahnarbeit.)

Fängt es an rückwärts zu rennen, so können Sie nicht viel mehr tun als abzuwarten, bis es von allein wieder stehen bleibt. Zerren Sie nicht am Zügel, das würde nichts nützen. Entspannen Sie sich im Sattel und warten ab. Bleibt es schließlich stehen, lassen Sie es kurz in Ruhe und

fordern es dann wieder auf vorwärts zu gehen. Benutzen Sie keine Gerte oder Sporen um das Pferd zu drangsalieren. Und zerren Sie nie brutal am Zügel. Nehmen Sie die Zügel so weich wie möglich auf und stellen Sie den Kopf immer wieder in die gewünschte Richtung. Geduld und souveräne Ruhe sind angesagt: Stellen Sie sich vor, Sie wissen ganz sicher, dass Sie schließlich gewinnen und das Pferd dorthin bugsieren, wohin Sie wollen. Diese Sicherheit gibt Ihnen die nötige Souveränität. Sturer als das Pferd müssen Sie sein – jedoch nicht gewalttätig.

Versuchen Sie es mit winzigen Vorwärtsschritten. Lassen Sie das Pferd für jeden Schritt, den es in die gewünschte Richtung macht, kurz zur Belohnung in Ruhe stehen und entspannen. Loben Sie es ausgiebig für jeden Schritt in die richtige Richtung und unterbinden Sie konsequent, jedoch ohne Gewaltanwendung, alle Richtungen, die Sie nicht wollen.

Haben Sie mit dieser – zugegebenermaßen anfangs langwierigen – Methode einmal Erfolg gehabt, so sind alle ähnlichen Schwierigkeiten in viel kürzerer Zeit abgehandelt. Das Pferd weiß, dass Sie die Richtung bestimmen können, und fügt sich in sein Schicksal als „ausführender Teil" der Reiter-Pferd-Beziehung – bei allen künftig auftauchenden Hindernissen.

Mit Zähnen und Klauen –

Schlagen und Beißen

Hier haben wir nun die objektiv gefährlichsten Unarten des Pferdes. Ein Pferd, welches beißt oder schlägt, zeigt damit ein ausgesprochen aggressives Verhalten dem Menschen gegenüber – was der Mensch mit ähnlich aggressivem Verhalten quittieren kann. Ein anderes – ranghöheres – Pferd würde sich eine solche Ungezogenheit auch nicht bieten lassen.

Bissig

Beißen beginnt schon mit dem spielerischen „Knappen" eines jungen Pferdes. Unterbinden Sie das bereits im Ansatz; dabei müssen Sie nicht brutal werden – stoßen Sie mit einem lauten „Nein" die Nase des Pferdes weg.

Manche „Beißer" sind auch durch ständiges Vollstopfen mit Leckerlis dazu erzogen worden, in alles reinzubeißen, was sich in der Nähe der Taschen oder der Hände des Reiters befindet. Wenn Sie Ihr Pferd mit Futter belohnen wollen, dann tun Sie das gezielt für eine besondere Leistung – und nicht dauernd für nichts. Ein Pferd, das ständig nach allem schnappt und seine Nase überall in Jackentaschen vergräbt, können Sie nur umziehen, indem Sie jedes Mal, wenn es unaufgefordert an Ihnen herumknabbert, seinen Kopf – zusammen mit einer lauten verbalen Hilfe – wegstoßen. Schlagen Sie es nicht, denn Sie haben das Problem selbst verursacht. Unterbinden Sie es jetzt nur konsequent.

Pferde, die Sie beim Aufsteigen beißen, können Sie schon etwas härter strafen. Ein Klaps auf die Nase schadet nichts. Zur Not nehmen Sie den äußeren Zügel etwas an, damit das Pferd den Hals nicht zu Ihnen herumdrehen kann. Schlecht ist jedoch, wenn das Pferd beißt und zusätzlich beim Aufsteigen nicht stehen bleibt. Sie müssen dann entscheiden, was Sie dem Pferd zuerst abgewöhnen – beides gleichzeitig geht schlecht.

Andere Pferde versuchen beim Auftrensen, beim Satteln oder beim Putzen zu schnappen. Beobachten Sie diese Pferde sehr genau, wenn Sie mit ihnen umgehen – sie kündigen das mit angelegten Ohren und „ungnädigem" Gesichtsausdruck an. Unterbinden Sie es im Ansatz, indem Sie das Pferd mit einem lauten „Lass das" oder „Nein" davon abbringen. Bei manchen Pferden hilft allein die drohend erhobene Hand um die Absicht zu vereiteln. Ist es dafür zu spät, hilft wieder nur der grobe Nasenstüber. Beißt das Pferd nur beim Satteln, so handelt es sich meist um einen mehr oder weniger starken Fall von Sattelzwang. Satteln Sie vorsichtiger und ziehen Sie den

Gurt nicht so stark an. Beißt es auch beim Auftrensen, liegt das Problem wahrscheinlich in einer Aversion gegen das Gerittenwerden an sich oder gegen ungeschicktes Auftrensen – überlegen Sie, wie Sie dem Pferd das Gerittenwerden und das Auftrensen schmackhafter machen können. Alle diese Dinge sind jedoch keine Entschuldigung für das Beißen an sich. Fragen Sie bei der Korrektur nicht nach den Gründen – Sie wollen das nicht und basta; reagieren Sie schnell und unterbinden Sie möglichst schon die Absicht. Tragen Sie bestimmten Eigenarten des Pferdes Rechnung: Manche sind kitzelig – putzen Sie diese nicht so zaghaft. Andere sind empfindlich an bestimmten Stellen – seien Sie dort etwas vorsichtiger. Provozieren Sie keine vermeidbaren Bisse.

Pferde, die wirklich bösartig und angriffslustig beißen, sind selten und fordern Ihre ganze Aufmerksamkeit. Haben Sie immer ein Auge auf den Kopf Ihres Pferdes, was immer Sie auch tun. Halten Sie anfangs einen schweren Lappen bereit, wenn Sie mit ihm umgehen und schlagen Sie ihm den zur Not übers Maul. Das erschreckt mehr, als dass es wehtut und Sie sind mit der Hand nicht so nahe, dass es Sie erwischen könnte.

Sie können sich auch mit einem schnellen Tritt in die Rippen des Pferdes revanchieren, wenn es nach Ihnen beißt. Besonders bei Pferden,

die zudem auch noch kopfscheu sind, ist das sicher die bessere Methode.

Schlagende Argumente

Das Schlagen können Sie dem Pferd nur insoweit abgewöhnen, als es sich gegen Sie als ranghohes Alphatier richtet. Einem Pferd auf der Weide abzugewöhnen nach einem anderen Pferd zu treten ist genauso unmöglich wie ihm abzugewöhnen ein anderes Pferd zu beißen. Diese Rangeleien sind normalerweise Rangstreitigkeiten und sie müssen von den Pferden allein ausgetragen werden. Sorgen Sie jedoch für genug Platz, so dass ein rangniederes Pferd nicht in die Enge getrieben und dort verprügelt werden kann.

In der Natur verweist ein ranghohes Pferd ein rangniederes mit einem Tritt auf seinen Platz. Pferde schlagen zudem nach etwas, was sie stört (z.B. eine Mücke unter dem Bauch) oder bedroht und vor dem sie nicht mehr weglaufen können (ein Raubtier).

Diese drei Gründe veranlassen das Pferd auch im Umgang mit dem Menschen zu schlagen.

Schließen Sie mögliche Gründe für das Schlagen aus, indem Sie das Pferd nicht erschrecken und nicht

Das Pferd arbeiten lassen um es vom Schlagen abzulenken.

Weile gelaufen ist, schneiden Sie ihm nach vorne den Weg ab, indem Sie ihm die Longierpeitsche mit ausgestrecktem Arm oder auch nur den ausgestreckten Arm vor die Nase halten. Bleiben Sie auch hier weit genug entfernt; brechen Sie einen Versuch, bei dem Sie befürchten müssen, dass das Pferd Sie überrennt, lieber ab und versuchen es später in etwas veränderter Position neu. Lassen Sie es nach außen zum Zaun hin wenden (bei den Westernreitern ein Rollback) und wieder eine Weile im Kreis laufen; wenden Sie es erneut.

Bei dieser Wendung muss es auf der Hinterhand drehen – es hat also kein Bein zum Treten frei.

bedrohen, d.h. nicht so in die Enge treiben, dass es sich evtl. nur noch mit einem Tritt zur Wehr setzen kann. Verschaffen Sie sich durch Bodenarbeit so viel Respekt, dass das Pferd gar nicht auf die Idee kommt nach Ihnen zu treten, weil Sie ranghöher sind.

Doch was tun, wenn „das Kind schon in den Brunnen gefallen ist", wenn Sie also mit einem notorischen Schläger konfrontiert sind, der schon oft genug mit dem Schlagen nach dem Menschen Erfolg gehabt hat? Oberstes Gebot ist hier: Provozieren Sie das Pferd nicht und bleiben Sie bei der Arbeit möglichst weit aus dem „Schlagradius" heraus, so dass es Sie wenigstens nicht trifft, wenn

es doch einmal schlägt. (Unterschätzen Sie jedoch die Reichweite eines Pferdehufes nicht.) Arbeiten Sie am Boden auf Distanz – am besten im Roundpen und bringen Sie dem Pferd dort bei Sie als ranghöher zu akzeptieren. Fordern Sie hauptsächlich viele Richtungswechsel, damit das Pferd lernt, dass Sie in der Lage sind seine Bewegungsrichtung zu bestimmen – wie ein ranghöheres Pferd auch. Dazu lassen Sie das Pferd im Roundpen im Trab oder Galopp rundlaufen – benutzen Sie eine lange Longierpeitsche oder auch ein Seil, welches Sie nach dem Pferd werfen um es in Bewegung zu setzen. Scheuchen Sie es von sich weg. Wenn es eine

Später können Sie das Pferd auch nach innen wenden lassen. In dieser Wendung ist die Aufmerksamkeit des Pferdes noch stärker auf Sie gerichtet: sie ist jedoch schwerer zu erreichen und für die Korrektur des respektlosen Pferdes, welches nach dem Menschen schlägt, erstmal nicht so wichtig.

Wollen Sie das Pferd im Roundpen vorwärts treiben und es stellt die Hinterhand nach innen um in Ihre Richtung zu schlagen, so wenden Sie es sofort nach außen ab. Machen Sie ihm klar, dass es richtig arbeiten muss, wenn es Sie bedroht. Versuchen Sie nicht einem Pferd das Schlagen durch Prügel abzugewöhnen. Damit begeben Sie sich in

Seien Sie auf explosive Reaktionen gefasst, wenn Sie das Pferd auf die Koppel entlassen.

Gefahr und provozieren das Pferd womöglich nur noch mehr.

Halbherziges Kicken

Junge Pferde kicken anfangs bei der Bodenarbeit manchmal nach der Gerte, wenn Sie die Hinterbeine damit berühren. Dieses Verhalten sollten Sie allenfalls durch ein lautes „Nein" strafen. Halten Sie nur genug Abstand um nicht getroffen zu werden. Die Pferde treten normalerweise nicht nach Ihnen, sondern nach dem störenden Ding, der Gerte. Das sollte sich nach ein paar Tagen von allein geben, wenn das Pferd die Gerte als ein Signal von Ihnen einordnet.

Explosiv

Eine recht gefährliche Sache ist ein energiegeladenes Pferd, welches aus reinem Übermut in die Luft geht und auskeilt, sobald Sie es auf die Koppel geführt und losgelassen haben. Es keilt zwar nicht nach Ihnen, aber Sie haben „gute Chancen" getroffen zu werden, wenn Sie im Weg stehen. Eine gute Möglichkeit, sich aus dem Gefahrenbereich zu begeben, bevor das Pferd explodiert, ist das Pferd erst wieder mit dem Kopf zu sich herumzudrehen, ihm dabei eine Karotte oder ein Stück Apfel zu geben und sich dann gleich zu entfernen und außer Reichweite der Hinterhufe zu begeben. Solange es frisst, wird es nicht buckelnderweise losschießen und wenn es dann explodiert, sind Sie schon ein Stück weg.

Was tun, wenn ...

Problemlösungen durch Gymnastizierung des Pferdes, Muskel- und Konditionsaufbau.

Probleme beim Reiten sind vielfältiger Natur. Von der leichten einseitigen Steifheit bis zur Unkontrollierbarkeit des Pferdes gibt es jede „Gefahrenklasse". Abhilfe bietet hier normalerweise ein „gemischtes Programm" aus Gehorsamsübungen in Verbindung mit Muskelaufbau und Gymnastizierung des Pferdes.

Das kann vom Boden aus und unter dem Sattel erfolgen – je nachdem, wobei Sie sich sicherer fühlen und wo die Ursache liegt. Fast alle Problembereiche greifen von den Ursachen und Korrekturmethoden her ineinander – deswegen sollten die einzelnen Abschnitte nicht isoliert gelesen werden.

LANGER BREMSWEG

Schlechte Reaktion bei Paraden – Pullen, Durchgehen

Schwierigkeiten dieser Art sind sehr weit verbreitet und reichen vom „auf den Zügel legen" bei einer Parade bis zu den schwereren Formen von Pullen und Durchgehen. Grundsätzlich sind die zähe Reaktion auf eine Parade, bei der Ihnen das Pferd zentnerschwer auf der Hand liegt, und das unkontrollierbare Durchgehen im Gelände nur graduelle Unterschiede desselben Problemes: Das Pferd ist ungehorsam und/oder schlecht gymnastiziert.

Mit schärferen Gebissen ist auf keinen Fall eine Besserung zu erreichen. Mit keinem Gebiss der Welt können Sie ein unwilliges Pferd halten. Das Pferd muss stattdessen umerzogen werden, so dass es ein

Signal zum Verlangsamen oder zum Anhalten nicht einfach ignoriert. Außerdem muss es so gymnastiziert werden, dass es ihm körperlich nicht schwer fällt, auf eine Parade zu reagieren, indem es die Hinterbeine unterschiebt. Damit nehmen Sie die Hauptlast von der Vorhand, vom Zügel und von Ihrer Hand.

Was ist nun im Einzelnen zu tun? Im ersten Fall ist es durchaus möglich, dass das Pferd körperlich in der Lage ist eine Parade sauber anzunehmen – es hat bloß keine Lust dazu, weil das Untersetzen der Hinterbeine anstrengend ist, weil es noch überschüssige Energie hat oder weil die anderen Pferde ihm davonlaufen könnten usw. Die Signale des Reiters sind ihm einfach nicht wichtig genug – die Rangfolge, wer das Sagen hat, ist nicht deutlich klar. Hier muss das Pferd durch Gehorsamsübungen lernen, dass die Signale des Reiters verbindlich sind.

Gehorsamsübungen können Sie vom Boden aus und unter dem Sattel durchführen – in der Bahn und im Gelände.

Beginnen Sie mit sehr einfachen Übungen, bei denen es dem Pferd nicht schwer fallen darf, in gewünschter Weise zu reagieren.

Führen

Führen Sie es im Schritt am Halfter (nicht an der Trense) und fordern Sie es dazu auf, anzuhalten, wenn Sie

selbst stehen bleiben. Bewaffnen Sie sich notfalls mit einer kurzen Gerte und einer Führkette (letzteres ist besonders bei „kleinen Büffeln", die schon lange die Signale ihres Reiters bzw. Betreuers ignoriert haben, sinnvoll). Läuft das Pferd einfach an Ihnen vorbei weiter, dann rucken Sie am Halfter, boxen es mit dem Ellbogen an die Schulter oder klatschen ihm die Gerte vor die Brust. Tun Sie, was immer nötig erscheint, um das Pferd davon abzuhalten, Sie zu überholen. Benutzen Sie zusätzlich ein verbales Kommando wie „Halt" oder „Ho". Sie können notfalls ruhig etwas grob werden – ein ranghöheres Pferd in der Herde quittiert es auch mit Huftritten oder Bissen, wenn ein rangniederes Tier an ihm vorbeidrängelt. Der Kopf des Pferdes sollte dabei etwa auf Höhe Ihrer Schulter sein – ist er weiter vorne, so ist das Pferd sowieso schon halb an Ihnen vorbeigelaufen und seine Reaktionen werden zu wünschen übrig lassen.

Wenn diese Übung im Schritt zur Zufriedenheit funktioniert, d.h., wenn das Pferd in dem Moment stoppt, in dem Sie auch anhalten (ohne noch ein paar zögernde, kleine Schrittchen hintendranzusetzen – nach der Devise: Versuchen kann man es ja mal), dann können Sie das Ganze im Trab probieren. Lassen Sie das Pferd langsam neben sich hertraben und bleiben Sie abrupt stehen: Es muss mit stärker unterge-

Führtraining im Gelände.

schobener Hinterhand stoppen um nicht an Ihnen vorbeizulaufen. Tut es das nicht, benutzen Sie wieder Ellbogen, Gerte oder Führkette und üben, bis auch das klappt. Verwenden Sie zusätzlich wieder Ihr verbales Kommando für das Anhalten. Ziehen Sie jedoch nie dauerhaft am Führstrick, sondern geben Sie nur kurze Impulse. Und versuchen Sie nicht das Pferd dauernd durch Abwenden in Ihre Richtung unter Kontrolle zu bringen (das ist nur eine Notfallhilfe). Die Kontrolle durch Ziehen (am Strick oder am Zügel) ist nämlich genau das, was wir später nicht wollen. Das Pferd soll auf feine Signale des Reiters hin anhalten oder verlangsamen und nicht gegen einen Zug im Maul oder auf der Nase anrennen.

Paraden vom Trab in den Schritt kön-

nen Sie auch an der Hand üben. Für Paraden vom Galopp in den Trab sollten Sie die Longe benutzen.

Um das Untersetzen der Hinterhand zu fördern können Sie bei diesen Übungen auch nach jedem Anhalten ein paar Tritte rückwärts fordern (siehe auch „Rückwärtsrichten", S. 105). Das Pferd gewöhnt sich dadurch an beim Stopp noch weiter unterzutreten, weil es weiß, dass es nach dem Anhalten noch mehr Gewicht mit der Hinterhand aufnehmen muss – andernfalls könnte es nicht rückwärts treten.

Reiten

Klappt das an der Hand in Schritt und Trab, dann können Sie anfangen vom Sattel aus zu üben. Arbeiten Sie zuerst im Schritt mit

kurzen, einseitigen Zügelsignalen. Sie geben damit dem Pferd keine Möglichkeit sich auf den Zügel zu legen. Benutzen Sie zudem die verbalen Kommandos für das Anhalten (oder das Verlangsamen), die Sie bei der Bodenarbeit verwendet haben, und verlagern Sie Ihr Gewicht etwas nach hinten (die Gewichtsverlagerung soll später die Haupthilfe werden, damit die Paraden noch unabhängiger vom Zügel werden). Diese Schrittarbeit kann im Gelände und/oder in der Bahn erfolgen. Festigen Sie sie im Gelände, indem Sie andere Pferde an sich vorbeiziehen lassen, während Ihr Pferd steht und lassen Sie es schließlich auch anhalten, wenn die anderen weitergehen. Das ist eine gruppendynamisch sehr schwierige Übung und zeigt Ihnen, wie viel Vertrauen und Respekt Ihnen Ihr Pferd entgegenbringt. Lässt es die schutzbringende „Herde" ziehen ohne völlig aus dem Häuschen zu geraten, so erkennt es Ihre Autorität an und vertraut Ihnen. Sie sind ihm dann genug um seine „Sicherheit" zu gewährleisten. (Auf diese Weise korrigieren Sie auch das lästige Kleben am Stall oder an anderen Pferden.)

Anhaltereflex
Solange das Anhalten auf leichtes Annehmen jeweils eines Zügels in Verbindung mit der Stimmhilfe und einem Verlagern Ihres Gewichtes leicht nach hinten nicht hundertpro-

zentig sicher funktioniert, traben Sie nicht an. Das kann Ihre Geduld auf eine harte Probe stellen. Doch Sie müssen auf alle Fälle verhindern, dass das Pferd in sein altes Verhaltensmuster zurückfällt und Ihre Signale ignoriert oder nur sehr zögernd befolgt. Dazu ist das Anhalten aus dem Schritt gut geeignet, weil es dem Pferd keine besondere Anstrengung abfordert. Was mit diesem langweiligen Programm hauptsächlich erreicht werden soll, ist dem Pferd einen „Anhaltereflex" anzutrainieren, den es nicht mehr in Frage stellt, vorausgesetzt, es ist körperlich in der Lage darauf zu reagieren.

Wenn das Pferd schon gelernt hat rückwärts zu gehen, versuchen Sie die Schaukelübung: Anhalten – Rückwärtsrichten – im Schritt oder langsamem Trab Anreiten – Anhalten – Rückwärts – usw. Versuchen Sie nur auf Stimme und Gewicht anzuhalten und nur zum Rückwärtsgehen den Zügel minimal aufzunehmen. Damit werden Ihre Paraden mit der Zeit immer weniger von der Zügeleinwirkung abhängig.

Wenn ein Pferd auf ein leichtes Signal überhaupt nicht reagieren will, dann können Sie es auch leicht nach außen gegen den Zaun abstellen. Wenn es den Zaun vor der Nase hat, wird es das Signal zum Verlangsamen eher annehmen, weil es eine Barriere vor sich sieht. Zur Not lassen Sie das Pferd geradeaus auf den Zaun zu laufen und hindern es nur daran, seitlich auszuweichen – frontal vor dem Zaun wird es schon stehen bleiben. Diese ersten Gehorsamsübungen sollten nur im Schritt und später im langsamen Trab ausgeführt werden, denn es besteht immer die Möglichkeit, dass das Pferd noch Gleichgewichtsprobleme mit dem Reiter hat und deswegen aus schnellerer Gangart noch gar nicht in der Lage ist auf eine Parade zum Halten zu reagieren.

„Gruppendynamik" im Gelände – so manches in der Bahn brave Pferd wird draußen zum Düsewind oder Kleber.

Durch Biegung gymnastizieren – hier in einer Hinterhandwendung.

Ins Gleichgewicht bringen und gymnastizieren

Wenn das Pferd grundsätzlich gehorsam ist, sich z.B. aus dem Schritt und Arbeitstrab sauber anhalten bzw. verlangsamen lässt (auch wenn andere Pferde an ihm vorbeiziehen) und nur aus dem schnelleren Trab und aus dem Galopp eine Parade zum Verlangsamen oder Anhalten schlecht annimmt, dann deutet das auf ein körperliches Problem hin: Das Pferd ist noch nicht genug im Gleichgewicht und noch nicht genug gymnastiziert um die stärkere Bewegungsenergie in schnelleren Gangarten mit der Hinterhand aufzunehmen. Dann müssen Sie daran arbeiten, die Tragkraft in den Hinterbeinen zu verbessern (siehe auch „Keine seitliche Kontrolle", S. 80 ff.). Durch viele Tempo- und Gangartenwechsel sowie häufige Stopps aus langsamem Trabtempo kräftigen Sie die Muskulatur der Hinterhand; hüten Sie sich jedoch davor, dem Pferd eine Stütze in der Hand anzubieten. Eine Parade ist immer nur ein kurzes Signal mit dem Zügel – verbunden mit einer Aktivierung der Hinterhand durch den treibenden Schenkel. Jeder länger andauernde Zug am Zügel veranlasst das Pferd sich auf den Zügel zu legen, dagegen zu gehen, sich nach oben oder unten dem Zügel zu entziehen (siehe „Probleme mit der Zügelkontrolle – auf, über oder hinter dem Zügel", S. 90 ff.). Das ist für das Pferd in diesem Stadium des noch nicht völlig stabilisierten Gleichgewichts unter dem Reiter viel bequeme als die Hinterhand zu winkeln und unterzutreten um die vorwärts gerichtete Bewegungsenergie mit den Hinterbeinen aufzunehmen.

Hier setzt nun auch die Korrektur unter dem Reiter an: Geben Sie dem

Pferd keine Möglichkeit in der Hand eine Stütze zu finden. Steigern Sie die Anforderungen, was das Tempo angeht, nur langsam um das Pferd nicht zu überfordern. Galoppieren Sie im Gelände nicht, wenn Sie das Pferd in der Bahn schon nicht gut durchparieren können. Galoppieren Sie zur Not ein halbes Jahr oder länger nicht, wenn Sie befürchten müssen, dass Ihr Pferd dann wieder einen Ziehkampf mit Ihnen veranstalten wird. Das erfordert Geduld – doch die müssen Sie schon aufbringen, wenn Sie ein Problem dauerhaft beheben wollen. Wenn es sich nicht gerade um ein junges Pferd handelt, hat das Problem mindestens genauso viel Zeit gebraucht

um zu entstehen. Reiten Sie also immer nur das Tempo, von dem Sie sicher sind, dass Sie es kontrollieren können. Reiten Sie im Gelände nur in der Gruppe, wenn die anderen Reiter Rücksicht auf Ihre Schwierigkeiten nehmen und nicht einfach davongaloppieren. Durch unzuverlässige Mitreiter lassen Sie sich unter Umständen eine Menge Korrekturarbeit zunichte machen.

In der Bahn stärken Sie die Hinterhand des Pferdes durch Biegeübungen auf dem Zirkel und Seitengänge – Lektionen, die jeweils ein Hinterbein vermehrt zum Untersetzen und damit zum Tragen animieren. Je leichter es dem Pferd schließlich fällt, seine Hinterbeine

einzusetzen, desto weniger braucht es die Stütze im Zügel und in Ihrer Hand. Achten Sie nur darauf, ein Pferd auf beiden Seiten gleich gut zu gymnastizieren, damit beide Hinterbeine genug Tragkraft entwickeln um die Vorwärtsenergie bei den Paraden aufzunehmen. Besonders das Training der Seitengänge (siehe „Keine seitliche Kontrolle", S. 80 ff.) verhindert, dass Ihnen das Pferd bei Paraden auf der Hand liegt, da Sie es Ihnen langfristig ermöglichen Paraden weitgehend am äußeren Zügel zu geben und am inneren dabei nachzugeben. Sie wirken damit nur einseitig ein und nehmen dem Pferd die Stütze in der Hand.

Und immer wieder biegen ...

TAKTLOS

Taktfehler

Taktfehler reichen von einem phleg-
matischen „Stolperer", der fast über
die eigenen Füße fällt, bis zu einer
„Rennmaus", die völlig übereilt
ihrem Gleichgewicht hinterherläuft.
Ersterer ist eher faul und interesselos,
was seine Umgebung und seinen
Ausbilder angeht, der zweite eher
übereifrig und unausbalanciert.
Auch Pferde mit wackligen oder
unkoordiniert wirkenden Bewegungen findet man in dieser Problem-
gruppe. Taktfehler stehen oft in
engem Zusammenhang mit mangelnder Tempokontrolle. Beide deuten auf Gleichgewichtsschwierigkeiten oder auf eine Rückenblockierung
des Pferdes in der jeweiligen Gangart
hin. Die Vorhand befindet sich dabei
nicht im Einklang mit der Hinterhand. Eine Grundgymnastizierung,
wie schon im Absatz über die
Paraden beschrieben, bei der das
Pferd besser ins Gleichgewicht
gebracht wird, schafft auch bei diesem Problem Abhilfe. Zudem müssen sowohl stumpfe als auch hekti-
sche Pferde lernen mehr Aufmerksamkeit auf die Wünsche des Reiters
und den Boden, auf dem sie sich
bewegen, zu richten.
Viele Taktfehler werden den Pferden
auch durch eine unnachgiebige, star-
re Reiterhand „antrainiert". Da hilft

Mit dem rückwärts ziehenden Zügel schafft sich so mancher sein Taktproblem.

Stangenarbeit hilft den Rücken zu entspannen und den Takt zu erhalten.

nur „vorne loslassen" und versu-
chen das Pferd durch vermehrte
Biegeübungen mit abwechselnder
Rechts- und Linksbiegung zum
Nachgeben zu veranlassen und
seine Aufmerksamkeit zu fordern.

Cavalettiarbeit –
frei und an der Longe

bringt den Düsewind dazu, ein

wenig aufzupassen, wo er hinläuft,
und ein Pferd, welches die Hufe im
Sand schlurfen lässt, dazu, sie ein
wenig höher und hoffentlich
gleichmäßiger zu heben. Und sie
entlastet das Pferd von einer störenden Reiterhand. Bessert sich ein
Taktfehler an der Longe sehr schnell
oder tritt z.B. bei freier Arbeit gar
nicht auf, dann liegt die Vermutung

Lassen Sie los und einige Probleme lösen sich von selbst.

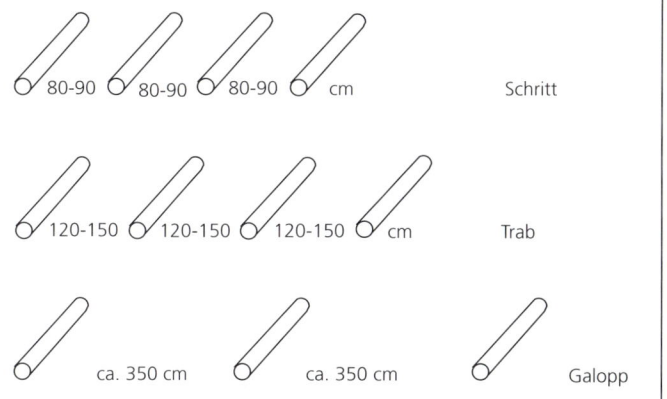

(knapp 1 m). Dasselbe machen Sie später im Trab (mit Abständen von etwa 1,2 bis 1,5 m). Mit dem Galopp (Abstände zwischen den Stangen 2,9 bis 3,5 m) lassen Sie sich so lange Zeit, bis das Pferd 4 bis 5 Stangen im Trab (mit weiteren und mit engeren Abständen) wirklich problemlos bewältigt. Überfordern Sie die Koordinationsfähigkeit des Pferdes nicht bei dieser Arbeit. Wenn das Pferd Angst vor der Übung bekommt und hektisch wird, weil es seine Füße noch nicht gut genug sortieren kann, dann verschlimmern Sie das Taktproblem statt es zu bessern. Überlegen Sie also genau, was und wie viel Sie Ihrem Pferd zumuten. Das Pferd soll während dieser Übungen lernen seine Schrittlängen den verkleinerten oder vergrößerten Abständen der Stangen anzupassen ohne aus dem Takt zu kommen. Zudem lernt es sich auf die Stangen – auf die eigentliche Aufgabe – zu konzentrieren und nicht ziel- und planlos in der Gegend herumzuschauen.

Taktfehler aufgrund von Rückenschwierigkeiten oder starken Exterieurmängeln des Pferdes sollten weitgehend ohne Reiter gebessert werden. D.h. die Rückenmuskulatur muss sinnvollerweise erst durch die Longenarbeit aufgebaut werden, bevor der Reiter das Pferd mit seinem Gewicht belastet.

Trailübungen verschiedenster Art an der Hand können zusätzlich die

nahe, dass er „angeritten" wurde. Schützen Sie die Beine Ihres Pferdes notfalls mit Gamaschen. Oder verwenden Sie mit Klebeband umwickelte Papprollen anstatt der Holzstangen – da schadet es den Beinen nicht, wenn das Pferd mal Fußball damit spielt. Ordnen Sie die Stangen fächerförmig auf der Zirkellinie an. Sie liegen dann außen

etwas weiter auseinander als innen. So können Sie die Abstände variieren, indem Sie das Pferd in einem engeren oder weiteren Kreis laufen lassen. Legen Sie bei Pferden mit Taktproblemen die Stangen nie in unregelmäßigen Abständen. Beginnen Sie mit einer Stange im Schritt und steigern Sie dann auf 4 bis 5 Stangen mit Schritt-Abständen

Aufmerksamkeit und die Koordination des Pferdes fördern und es dazu bringen, die Nase tief zu nehmen und den Rücken nach oben zu wölben, so dass dieser später das Reitergewicht besser tragen kann.

Rückenprobleme und damit verbundene Taktschwierigkeiten des Pferdes stehen oft in Verbindung mit einer schlampigen oder zu schnellen Grundausbildung, d.h. im Klartext mit einer Überbeanspruchung des Pferdes in frühen Jahren. Der zweite Grund ist fehlende Koordination oder fehlendes Gefühl in der Hilfengebung des Reiters.

Korrekturen unter dem Reiter:

Cavaletti- und Trailübungen dienen auch beim Reiten der Verbesserung von Takt und Schwung. Solange das Pferd allerdings an der Longe oder im Roundpen noch Probleme mit der Stangenarbeit hat, sollte man es unter dem Reiter nur im Schritt über Cavalettis arbeiten – alles andere überfordert das Pferd und verursacht nur eine Verschlechterung der Taktprobleme.

Im freien Schritt am langen Zügel treten Taktunreinheiten selten auf. Erst der stark versammelte Schritt, der aber nur in einem weit fortgeschrittenen Stadium der Ausbildung

gefordert werden darf, bringt wieder Taktunreinheiten mit sich. Lassen wir die jedoch erst einmal außen vor. Die gängigen Schwierigkeiten treten im Trab und Galopp auf.

Nehmen wir z.B. das Pferd, welches in übereiltem Tempo durch die Reitbahn oder durchs Gelände saust. Es schiebt vielleicht so viel mit der Hinterhand, dass die Vorhand nicht in der Lage ist die gesamte Bewegungsenergie aufzufangen, (taktunrein) davontrippelt und dabei immer schneller wird.

In diesem Fall ist oft die Schubkraft der Hinterhand viel stärker entwickelt als die Tragkraft. Besonders bei rückständigen Pferden, deren Hinterbeine etwas hinter der Senkrechten (vom Hüftgelenk auf den Boden) stehen, ist diese Schubkraft stärker als man sie gebrauchen kann.

Ein Ansatz zur Korrektur liegt wieder darin, die Hinterhand zum vermehrten Tragen zu animieren – also weniger die nach vorne gerichtete Schubkraft als vielmehr die Tragkraft der Hinterhand, die Federwirkung nach oben durch die Hankenbiegung, zu entwicklen und zu fördern. Damit wird die Vorhand entlastet, das Pferd setzt sich auf die Hinterhand (ein Teil der Vorwärtsenergie richtet sich nach oben) und wird deswegen langsamer. Das ist nun wieder leichter gesagt als getan – es ist nämlich zeit- und arbeitsaufwendig.

Dehnungshaltung: Rücken entspannen durch „Hinschauen lassen".

Lässt Ihr Pferd sich schon gut durchparieren, so können Sie den Trab durch dauernde Paraden zum Schritt mit darauffolgendem erneutem Antraben verbessern. Bei jedem Antraben muss das Pferd bei den ersten paar Trabtritten vermehrt untersetzen und weniger nach vorne schieben – bei jeder Parade zum Schritt desgleichen. Im Galopp gilt Ähnliches. Wenn es Ihnen möglich ist, das Pferd aus dem Schritt anzugaloppieren, dann fördert dies auch wieder die Tragkraft bei den ersten beiden Galoppsprüngen – wenn das Pferd danach eilig wird und zu viel Schub nach vorne produziert, parieren Sie es wieder durch – erst zum Trab und dann zum Schritt oder gleich zum Schritt um es nach einer Entspannungspause neu anzugaloppieren. Das Problem an dieser Korrekturmethode ist nur, dass die meisten Pferde, die taktunrein davoneilen, auch die Paraden nicht besonders gut annehmen. Das liegt in der Natur der Dinge, denn eine Parade erfordert tragenden Hinterhandeinsatz des Pferdes. Wenn es den in der Vorwärtsbewegung noch nicht bringt, dann bringt es ihn auch bei den Paraden nicht.

Reiten Sie also Seitengänge und Zirkel. Biegen Sie das Pferd rechts und links abwechselnd. Reiten Sie viele Richtungswechsel mit sauberer Umstellung des Pferdes in die jeweils neue Richtung. Jedes Pferd mit einem Taktproblem zeigt dies bei der Umstellung besonders deutlich. Die beste Ausbildungs- und Korrekturgangart dabei ist der langsame Trab. Er ist schwungvoller als der Schritt und gleichgewichtstechnisch viel einfacher zu kontrollieren als der Galopp. Der Arbeitstrab ist die Gangart, die gerade genug

Schulterherein im Trab auf dem Zirkel: Das Pferd kann keine Stütze im Zügel finden, da nur der äußere Zügel Verbindung zum Maul hält; der innere ist lose.

Schwung und Tempo für Biegeübungen produziert, ohne dass Sie sich mit den vermehrten Gleichgewichtsproblemen des Galopps (besonders in der Einbeinstütze und in der Schwebephase) und dem manchmal etwas „am Boden haftenden" schwunglosen Schritt herumplagen müssen.

Trotzdem ist es sinnvoll, alle Seitengänge erst einmal vom Bewegungsablauf her im Schritt zu perfektionieren, bevor man zum Trab übergeht, denn Sie haben im Schritt länger Zeit sich zurechtzusetzen, Ihre Sitzposition und Ihre Schenkellage präzise festzulegen. Im Trab müssen Sie schneller reagieren – Ihr Pferd kann sich schneller der korrekten Biegung entziehen.

Taktprobleme sind häufig auch angeritten. Wird versucht ein Pferd mit aller Gewalt „langsam zu machen", wie z.B. für Pleasure Prüfungen, oder es durch Ziehen am Zügel von vorne nach hinten zu „versammeln", so leidet die Reinheit der Gänge darunter. Immer, wenn eine Verlangsamung und Versammlung des Pferdes nicht von hinten nach vorne erreicht wird – also durch eine untersetzende Hinterhand, die die Bewegungsenergie aufnimmt, leidet der Rücken des Pferdes als Schaltstelle zwischen vorne und hinten und damit die Eleganz jeder Bewegung und der Takt.

Das Möchtegern-Pleasure-Pferd wird ausdruckslos durch den Sand schlurfen und im Galopp einen „sauberen" Viertakt auf der Vorhand zeigen. Das „zusammengezogene" Dressurpferd wird vielleicht dafür gespannte Tritte bei der Trabverstärkung präsentieren oder sich bei erstbester Gelegenheit in den Galopp flüchten.

Taktprobleme haben oft ihren Ursprung in Rückenproblemen (siehe Seite 95 ff.).

Für zehn Minuten Schrittarbeit am Anfang sollte immer Zeit sein.

TEMPOLIMIT

Keine Tempokontrolle

Die Korrekturansätze für mangelnde Tempokontrolle, schlechte Reaktionen auf Paraden und Taktunreinheit hängen grundsätzlich alle zusammen.

Pferde, die in jeder Gangart nur ein Tempo kennen, machen meist auch mit den Paraden und der Taktreinheit Schwierigkeiten. Alles, was für die Verbesserung der Paraden und des Taktes gilt, kann ebenso auf die Tempokontrolle angewendet werden (Longenarbeit, Cavaletti- und Trailübungen).

Wir haben es mit zwei Haupt-Tempoproblemen zu tun: Es gibt Pferde, die Sie nicht vorwärts bekommen, und andere, die Sie nicht langsam kriegen. Und schließlich gibt es Pferde, die kein gleichmäßiges Tempo gehen.

Zu viel Vorwärts

Die Pferde der „schnellen Truppe" haben zu viel Energie, zu wenig Gleichgewicht oder sie laufen einem Schmerz bzw. unangeneh-

mem Gefühl davon. Es gilt hier in besonderem Maße: Langsam reiten ist die Kunst – schnell reiten kann jeder. Erlauben Sie dem Pferd kein zu hohes Tempo unter dem Reiter – vor allem nicht zu Beginn einer Arbeitsstunde; Sie haben damit nicht nur ein Kontrollproblem, sondern riskieren auch Muskel- oder Sehnenschäden beim Pferd, wenn es unaufgewärmt rennt.

Hat das Pferd einfach zu viel Energie, so hilft Ablongieren oder freie Arbeit im Roundpen, um den Energiestau loszuwerden (siehe Kapitel: „Vertrauensaufbau und Gewöhnung", S. 41ff.).

Rennt das Pferd nur in einer Gangart, so liegt der Schluss nahe, dass es in dieser ein Gleichgewichtsproblem und/oder ein Problem mit der Gymnastizierung hat – das wird sehr häufig der Galopp sein, weil diese Gangart durch Schwebephase und Einbeinstütze von Natur aus am meisten Balanceprobleme aufwirft. Ausnahmen bestätigen die Regel – und so wird es immer mal wieder ein überraschendes Pferd geben, das von Anfang an im Galopp besser ausbalanciert ist als im Trab. Um dieses Problem anzugehen meiden Sie einfach die problematische Gangart eine Weile und gymnastizieren das Pferd in den anderen. Reiten Sie in den „guten" Gangarten viele Tempounterschiede und gewöhnen Sie das Pferd an die Aufmerksamkeit fordernden halben Paraden. Je besser das Pferd nun in den unproblematischen Gangarten ausbalanciert und vorbereitet ist, desto besser wird sein „Start" schließlich in der problematischen Gangart sein.

Lassen Sie ihm nur Zeit genug. Nicht umsonst wartet man bei der Ausbildung des jungen Pferdes am besten ab, bis das Pferd von allein den Trab oder Galopp anbietet. Bei der Korrektur des Problempferdes sieht das nicht anders aus. Sparen Sie eine Weile die Problemgangart aus und lehren Sie sie neu.

Bleiben wir einmal beim Galopp: Wenn Ihr Pferd beim Angaloppieren immer wie aus der Pistole geschossen losstürmt, kann es auch sein, dass Sie einen Fehler in der Hilfengebung machen. Überfallen Sie das Pferd vielleicht mit den Hilfen? Müssen Sie es mit den Sporen in den Galopp hineinpieksen oder mit der Gerte hineinprügeln? Dann brauchen Sie sich nicht zu wundern, wenn der Galopp zu schnell ist. Das Pferd läuft vor Ihren groben Hilfen davon. Wenn das Pferd sich nur mit aller Gewalt in den Galopp „hineinwürgen" lässt, dann ist es wahrscheinlich einfach noch nicht gut genug auf diese Gangart vorbereitet. Seien Sie geduldig – arbeiten Sie erstmal in den anderen Gangarten weiter und verbessern Sie die Balance und die Reaktionen des Pferdes auf Ihre Hilfen. Und entwickeln Sie den Galopp an der Longe.

Rückenschmerzen des Pferdes sind ein weiterer möglicher Grund für

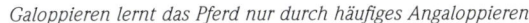

Galoppieren lernt das Pferd nur durch häufiges Angaloppieren.

Takt- und Temposchwierigkeiten. Zwar wirkt sich ein durch Spannungen oder krankhafte Veränderungen schmerzender Rücken des Pferdes in allen Gangarten aus – in manchen jedoch stärker, in anderen weniger. Das hängt vom Sitz des Reiters und von der Art der Rückenschmerzen ab (siehe S. 95 ff.).

Galoppiert das Pferd anständig an und wird erst nach ein paar Galoppsprüngen schneller, dann lassen Sie es immer nur eine halbe Runde galoppieren, bevor Sie es wieder in den Trab durchparieren. Häufiges Neu-Angaloppieren bringt das Pferd dazu, sich besser auszubalancieren – wenn es zudem weiß, dass es sowieso nur eine halbe Runde galoppieren darf, legt es im Tempo gar nicht erst richtig zu.
Hier gilt der alte Leitsatz: Galoppieren lernt das Pferd nur durch häufiges Angaloppieren und nicht durch langes Galoppieren (und später durch häufige Tempowechsel im Galopp).
Üben Sie das jedoch nicht zu oft hintereinander oder zu verbissen – es kann sein, dass das Pferd sich bei zu häufigen und zu schnell aufeinander folgenden Gangartenwechseln aufregt. Wenn das so ist, lassen Sie die Zügel lang und das Pferd eine Weile im Schritt entspannen.
Beim Antraben kommt prinzipiell die gleiche Methodik zum Einsatz. Je schneller das Pferd wird, umso

eher parieren Sie es wieder zum Schritt durch.

Galoppiert Ihr Pferd besser aus dem Schritt oder aus dem Trab an? Vom Gleichgewicht her ist es besser, wenn Sie Ihr Pferd aus dem Schritt angaloppieren können, denn im Schritt ist es auf jeden Fall noch ausbalanciert und kommt deswegen beim ersten Galoppsprung nicht so schnell auf die Vorhand – wird also auch nicht sofort schnell.
Besonders jüngere Pferde machen sich aber beim Angaloppieren aus dem Schritt manchmal noch einen

Knoten in die Beine. Sie können es also auch aus dem langsamen Trab probieren – die Betonung liegt jedoch auf langsam. Wenn Sie Ihr Pferd aus dem Renntrab in den Galopp hineinlaufen lassen, brauchen Sie sich nicht zu wundern, wenn das Pferd auch gleich mit einem Renngalopp beginnt. Sein Schwerpunkt (samt dem des Reiters) ist im schnellen Trab weit vorne – also springt es mit dem weit nach vorne verlagerten Schwerpunkt im Galopp an. Es fällt ihm dann viel schwerer den Schwerpunkt im schnellen Galopp wieder nach hin-

Klassische Hilfen: Zusammenschieben des Pferdes vor dem Angaloppieren, so dass der Galopp gar nicht erst schnell wird.

ten zu bekommen (also zu verlangsamen und die Hinterhand unterzuschieben) als schon vermehrt auf der Hinterhand anzugaloppieren.

In der Westernreitweise z.B. ist die Verlagerung des Reiterschwerpunktes nach vorne zum Anreiten im Schritt, Antraben und Angaloppieren Usus. Aus der Gleichgewichtstheorie heraus, dass das Pferd der Verlagerung des Reiterschwerpunktes nach vorne, hinten oder zur Seite folgt, ist das auch völlig richtig. Bei Pferden, die nicht vorwärts gehen wollen, bietet sich dieser Ansatz geradezu an. Bei im Tempo zu schnellen Pferden sollte man sich jedoch überlegen, ob nicht der klassische Ansatz, das Pferd erst von hinten nach vorne durch Schenkeldruck und Kreuzeinwirkung zusammenzuschieben und es dann vorne loszulassen, vernünftiger ist.

In jeder Gangart ist die Tempokontrolle über das Reiten von Seitengängen gut erreichbar. Rennt Ihnen Ihr Pferd „unter dem Hintern weg", dann reiten Sie es in Schulterhereinstellung, später in Traversstellung sowohl auf dem Zirkel als auch auf der Geraden. Das geht auch im Gelände – Sie brauchen nur einen ebenen Weg dafür. Im Trab können Sie alle Seitengänge auch im Leichttraben ausführen – das ist besonders für Pferde mit Rücken-

problemen ein guter Weg den Rücken zu entlasten und trotzdem das Tempo gut zu kontrollieren. Für den Anfang reicht eine sehr geringe Stellung des Pferdes nach innen (ein Reiten in Hohlstellung) – später können Sie mehr Biegung und damit ein stärkeres Untertreten des inneren Hinterbeines (beim Schulterherein) oder des äußeren Hinterbeines (beim Travers) verlangen. Die korrekt gerittenen Seitengänge verhindern, dass das Pferd den Unterhals hoch- und damit den Rücken wegdrückt. Sie helfen Ihnen dabei, das Pferd an den äußeren Zügel heranzustellen. Steht das Pferd am äußeren Zügel, dann können Sie es an diesem auch parieren, d.h. zum Langsamerwerden und zum Anhalten auffordern, ohne dass es Ihnen gegen die Hand geht (siehe Kapitel „Geraderichten/ Keine seitliche Kontrolle", ab S. 80 ff.). Travers, Renvers, Schulterherein und Konterschulterherein funktionieren in allen Gangarten. Verlangen Sie jedoch nichts im Trab, was im Schritt noch nicht geht, und nichts im Galopp, wenn das Gleiche im Trab noch nicht funktioniert. Damit produzieren Sie nur mehr Probleme (durch Überforderung des Pferdes) statt welche zu beheben.

Zu wenig Vorwärts

Kommen wir nun zum gegenteiligen Fall, dem Pferd, das sich kaum in Bewegung setzen lässt. Ein Pferd, welches mangels Bewegungsdrang

gar nicht laufen will, ist relativ selten. Häufiger sind abgestumpfte Pferde, denen man den Vorwärtsdrang durch zu viel Handeinwirkung oder durch eintönige Arbeit genommen hat. Auch ein solches Pferd kann aus einer Schmerzreaktion heraus so „faul" sein. Es ist möglicherweise im Rücken völlig blockiert oder verspannt. Da können Sie nun noch soviel treiben, es wird nichts nützen, solange das Pferd sich im Rücken nicht loslässt. Lösen Sie das Pferd in diesen Fällen an der Longe – am besten über Cavalettis (ohne Hilfszügel). Kleine Sprünge (ohne Reiter) können auch der Entspannung dienen. Buckelt sich das Pferd hinter einem solchen Sprung aus, so lassen Sie es ruhig. Es buckelt sich damit – hoffentlich – die Spannung aus dem Rücken.

Trail- und Biegeübungen an der Hand veranlassen das Pferd, die Nase tief zu nehmen und den Rücken zu entspannen. Stangen können Sie bei einem „langsamen" Pferd im Schritt ruhig unterschiedlich hoch und unterschiedlich weit auseinander legen. Sich in einem Stangenlabyrinth zurecht zu finden und die Hufe zielgenau zu platzieren bedeutet eine echte Aufgabe für das Pferd und lenkt es von seinen Steifheiten ab. Verzichten Sie eine Weile aufs Reiten und entspannen Sie Ihre „Schlaftablette" bei solchen Übungen.

Seitengänge verbessern die Rücken-

Korrekturmethoden und Hilfsmittel: Leichttraben ...   *...und das Reiten in „Hohlstellung" mit losem innerem Zügel.*

tätigkeit und entspannen jeweils die äußere Seite. Reiten Sie die erst einmal vor allem im Schritt, denn in Trab und Galopp werden Sie bei einem faulen Pferd anfangs Schwierigkeiten mit dem genügenden Treiben bekommen. Oder entwickeln Sie die Seitengänge vom Boden aus.

Bummeln Sie ins Gelände und lassen Sie das Pferd dort ein paar natürliche Hindernisse in Form von Baumstämmen oder Bächen überklettern oder durchqueren.

Das Reiten im Gelände, am besten mit Pferden zusammen, die gut vorwärts gehen, macht bahnmüde und saure Pferde oft wieder frisch.

Beim Anreiten junger Pferde passiert es häufiger, dass sich das Pferd nicht in Bewegung setzen will, weil es durch das Reitergewicht irritiert ist.

Zudem kennt es ja die treibenden Schenkelhilfen an diesem Punkt noch nicht. (Schenkelhilfen mit den verschiedenen „Druckpunkten" am Pferd muss jedes Pferd erst lernen – im Gegensatz zu einseitigen Zügelhilfen und Gewichtshilfen, die es von Natur aus verstehen kann.) Sie können es in Bewegung setzen, indem Sie seinen Hals stark zur Seite stellen und so lange warten, bis ihm diese Stellung unbequem wird und es mit den Füßen folgt. Es beschreibt dann einen Kreis. Sie können das Pferd auch von einem Helfer führen lassen, damit es lernt, wie sich der Reiter auf dem Rücken in Bewegung anfühlt. Die anfängliche Bewegungsblockade gibt sich schnell, wenn das Pferd sich an das Reitergewicht gewöhnt hat und merkt, dass ihm nichts Schlimmes

passiert. Wenn Sie das junge Pferd jedoch sofort mit bolzenden Schenkeln oder Gertenhieben traktieren würden, nur weil es nicht sofort läuft, dann hätten Sie sich langfristig ein Problem geschaffen – das Pferd würde nämlich „Gerittenwerden" mit etwas Negativem, Unangenehmem oder gar Schmerzhaftem assoziieren und dementsprechend unlustig reagieren.

Mit dem älteren Pferd ist das nicht viel anders – nur dass Sie hier das Problem der Unlust bzw. des Schmerzes schon haben.

Durch Biegeübungen und ein wechselseitiges starkes Abstellen im Hals können Sie auch das verspannte und steife, ältere Pferd entspannen und in Bewegung bringen. Üben Sie jedoch nicht jeden Tag stur ein festgelegtes Gymnastikprogramm aus diverse Bahnfiguren – damit langweilen Sie auf Dauer sich und Ihr Pferd. Trailhindernisse in der Bahn und im Gelände fordern das Pferd geistig und damit auch körperlich. Zumindest ist es einen Versuch wert mit der geistigen Anregung (nach den Theorien von Feldenkrais) auch die Bewegungsfreude wieder zu erwecken und die Geschmeidigkeit der Bewegungen wieder herzustellen.

Entspannen Sie also Ihren „Faulheimer", beschäftigen Sie ihn sinnvoll und interessieren Sie ihn für seine Umgebung und Ihre Forderungen. Seien Sie erfinderisch. Vielleicht hat Ihr Pferd Spaß am Fußballspielen; lassen Sie es z.B. einen großen Therapieball durch einen vorgegebenen Kurs in ein Tor bugsieren. Durch eine kurvige Linienführung des „Parcours" wird sich Ihr Pferd von ganz allein dabei biegen – und es wird dies freiwillig tun – ohne dass Sie hart einwirken müssen.

Versuchen Sie jedoch nicht das Pferd mit immer schärferen Sporen und dauernden Gertenschlägen vorwärts zu prügeln. Nichts gegen die Verwendung von Sporen oder Gerte, auch nichts gegen einen harten strafenden Gertenschlag, wenn er nötig ist. Doch der Einsatz dieser Hilfsmittel wird sinnlos, wenn er dauernd erfolgen muss – das Pferd stumpft nur immer weiter ab und Sie werden gezwungen immer härter einzuwirken. Das Gegenteil ist jedoch unser Ziel – wir wollen unsere Pferde sensibler und feiner einstellen um mit weniger und schwächeren Hilfen auszukommen. Also müssen wir an anderer Stelle mit der Korrektur ansetzen, wie oben beschrieben.

Das Pferd soll schließlich und endlich „Gerittenwerden" mit etwas Positivem assoziieren, was erstens keinen Schmerz verursacht und zweitens auch ganz interessant und spaßig sein kann. Dann wird es sich auch wieder freier vorwärts bewegen.

Kein gleichmäßiges Tempo

Pferde, die ein vorgegebenes Tempo nicht halten können und immer wieder zwischen schneller und langsamer schwanken, sind oft verspannt. Sie klemmen teilweise um daraus wieder nach vorne zu schnellen. Diese korrigieren Sie am besten durch häufigen Richtungs- und Stellungswechsel mit sauberem Umstellen sowie durch das Reiten in Hohlstellung. Meist sind diese Pferde nicht vollständig gerade gerichtet. Arbeiten Sie an der seitlichen Kontrolle (siehe Seite 80 ff.) – dann bekommen Sie die Tempokontrolle meist dazugeliefert.

Kleben

Das Kleben äußert sich darin, dass das Pferd sich ungern oder gar nicht von anderen Pferden trennt oder mit besonderer „Liebe" am heimischen Stall hängt. Die Übungen zur Tempokontrolle und für die Paraden helfen auch bei diesem Problem. Vertrauensaufbau, Gewöhnung und Gehorsamsübungen helfen Ihnen zusätzlich bei der Korrektur. Haben Sie die nötige Kontrolle vom Sattel aus nicht, dann steigen Sie ab und führen. Arbeiten Sie zur Not mit Führkette und langer Gerte im Gelände, damit Ihnen das Pferd nicht an der Hand ausbüxt. Versichern Sie sich jedoch durch gute Vorbereitung mit einfachen Übungen der grundsätzlichen Kontrolle über das Pferd.

AUS DER SPUR GELAUFEN

Keine seitliche Kontrolle

Probleme bei der Biegung und beim Geradeausreiten

Alle Schwierigkeiten, bei denen sich das Pferd der vom Reiter vorgegebenen Bewegungsrichtung durch Herausdrängeln entzieht, sind im Prinzip auf die gleiche Weise zu lösen. Es spielt dabei keine Rolle, ob das Pferd in den Zirkel hineinfällt, aus dem Zirkel herausdrängelt, nicht geradeaus geht, mit der Hinterhand „aus der Spur" läuft oder ob es sich grundsätzlich der mit den Zügeln vorgegebenen Bewegungsrichtung entziehen will. Alle diese Probleme deuten darauf hin, dass das Pferd nicht gerade gerichtet ist. Der Reiter hat aus diesem Grund keine seitliche Kontrolle über das Pferd – und meist auch keine Genickkontrolle (er kann das Pferd nicht zum Nachgeben im Genick auffordern – siehe auch „Probleme mit der Zügelkontrolle", S. 90 ff.).

Geraderichten

Geraderichten heißt nach der klassischen Lehre: „Die Vorhand des Pferdes auf die Hinterhand ausrichten." Tut man das auf der Geraden, so befindet sich die schmalere Vorhand genau zwischen der breiteren Hinterhand. Das Pferd soll im Idealfall schnurgerade laufen und mit beiden Hinterbeinen gleich viel Gewicht aufnehmen. Da ein Pferd von Natur aus schief ist (wie jeder Mensch und jedes andere Tier auch), nimmt es (unausgebildet) mit einem Hinterbein etwas besser Gewicht auf (mehr Tragkraft) und schiebt dafür mit dem anderen etwas mehr nach vorne (mehr Schubkraft). Diese Ungleichheit soll durch das Geraderichten behoben werden. Ein Pferd, welches gerade gerichtet ist, läuft mit den Vorderbeinen immer in der Spur der Hinterbeine – auch auf gebogenen Linien, wie z.B. dem Zirkel. Deswegen bedeutet „Geraderichten" auf gebogenen Linien, dem Pferd in der Wirbelsäule eine Längsbiegung zu geben. Ein gerade gerichtetes Pferd ist also auf einer gebogenen Linie auch gebogen. Es nimmt durch die Biegung mit dem inneren Hinterbein vermehrt Gewicht auf, weil dieses stärker als das äußere unter den Schwerpunkt des Pferdes tritt.

Mancher Reiter beschreibt das Geraderichten auch mit: „Die Hinterhand in der Spur der Vorhand laufen lassen." Das ist jedoch nur bedingt richtig, weil die eigentliche Ausrichtung tatsächlich andersherum funktioniert – die Vorhand soll beweglich werden um sich auszurichten, während die Hinterhand vermehrt Gewicht aufnehmen (tragen) soll, damit die Vorhand entlastet und damit leicht genug wird um sich überhaupt ausrichten zu lassen. Nur durch die Entwicklung einer gleichmäßigen Tragkraft in beiden Hinterbeinen kann die Vorhand auf jede gebogene oder gerade Linie ausgerichtet werden. Und nur dadurch, dass die Vorhand mit der Zeit immer leichter wird, kann das Pferd auch langfristig richtig versammelt werden.

Kann der Reiter das Pferd nicht gerade richten, so treten die eingangs beschriebenen Probleme mit der seitlichen Kontrolle auf.

Das Geraderichten hat zudem massive Auswirkungen auf alle anderen Problembereiche, wie Tempokontrolle, Paraden, Takt, Entwicklung der Tragkraft der Hinterhand, Versammlung usw. Ein nicht gerade gerichtetes Pferd wird in allen diesen Bereichen Probleme haben.

Was ist also zu tun um das Pferd gerade zu richten?

Geraderichten ist am einfachsten, wenn man das Pferd in der Bahn nicht geradeaus, sondern in einer leichten „Hohlstellung" (die in ihrer stärkeren Ausführung im Schulterherein endet) reitet. Das funktioniert auf der Geraden an der Bande entlang und auch auf dem Zirkel bzw. auf Volten. Beginnen sollte man

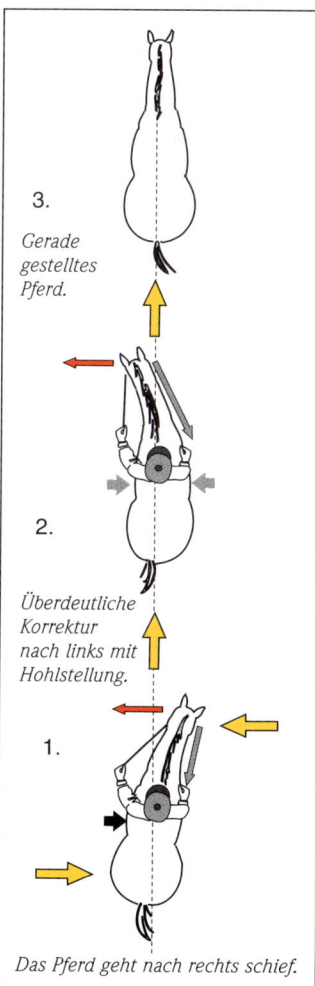

3.

*Gerade
gestelltes
Pferd.*

2.

*Überdeutliche
Korrektur
nach links mit
Hohlstellung.*

1.

Das Pferd geht nach rechts schief.

Geraderichten.

damit im Schritt entlang der langen Seite. Der Ansatz zum Schulterherein ist am einfachsten auf der langen Seite, denn die äußere Seite des Pferdes ist dabei durch die Bande begrenzt – das hilft beim „Richtung halten". Nehmen wir einmal das Schulterherein auf der rechten Hand: Angenommen, das Pferd klebt mit der Vorhand etwas außen (links) an der Bande und stellt deswegen die Hinterhand nach innen (rechts) herein. Das kommt daher, dass das innere (rechte) Hinterbein weniger trägt als das äußere. Es schiebt die Vorhand des Pferdes leicht nach außen – das Pferd geht schief. Die Korrekturstellung für diese Schiefe ist nun das Schulterherein rechts (oder für den Anfang die weniger ausgeprägte Hohlstellung nach rechts – auch „Schulter vor" genannt). Sie führen dazu die Vorhand des Pferdes in die Bahn hinein, so dass das Pferd mit der Hinterhand auf dem Hufschlag bleibt und mit der Vorhand mehr oder weniger weit (nach rechts) in die Bahn hereinkommt. Um die Vorhand nach innen zu führen, müssen Sie den inneren Zügel etwas annehmen und das Pferd nach innen stellen, als ob Sie z.B. nach rechts auf den Zirkel abwenden wollten. Sie wollen jedoch keinen Zirkel reiten, sondern mit nach innen gestelltem Pferd auf der Geraden bleiben. Deswegen drücken Sie mit dem inneren (rechten) Schenkel am Gurt den Brustkorb des Pferdes wieder leicht nach außen. Der äußere Schenkel liegt dabei verwahrend hinter dem Gurt, der äußere (linke) Zügel hält das Pferd zusätzlich zum inneren Schenkel auf dem Hufschlag. Idealerweise tritt nun das Pferd mit dem inneren – rechten – Hinterbein

in die gleiche Spur wie das äußere – linke – Vorderbein. Das innere – rechte – Vorderbein tritt rechts und das äußere – linke – Hinterbein links von dieser „Mitteldiagonalen". Ihr Gewicht ist in Bewegungsrichtung des Pferdes also minimal auf den linken Gesäßknochen verlagert; da Sie geradeaus reiten wollen, schauen Sie bei der Schulterhereinstellung auf der rechten Hand geradeaus über die linke Schulter des Pferdes hinweg – eine Kopfdrehung in diese Richtung reicht normalerweise um das Gewicht außen zu lassen. Idealerweise hält der Reiter das Pferd in dieser Schulterhereinstellung schließlich auch ohne inneren Zügel. Die Stellung und Biegung des Pferdes wird dabei durch den inneren Schenkel und den äußeren Zügel aufrecht erhalten – der innere Zügel wird unwichtig – „Das Pferd steht am äußeren Zügel."
(Es gibt auch Reiter, die das Gewicht beim Schulterherein auf der rechten Hand auf den inneren – hier rechts – Gesäßknochen verlagern, wie es bei einer Wendung nach rechts richtig wäre. Das ist Gewohnheitssache. Sie müssen mit Gewicht auf dem inneren Gesäßknochen nur mehr mit dem äußeren Zügel und dem inneren Schenkel gegenwirken, damit das Pferd nicht nach innen abwendet. Das Pferd würde bei dieser Variante von Ihrem Gewicht weglaufen, wie es nach der Gleichgewichtstheorie, bei der das Pferd

immer unter Ihr Gewicht laufen soll, nicht ganz richtig wäre. Da beim Schulterherein das Pferd im Gegensatz zu den anderen Seitengängen Travers, Traversale und Renvers jedoch gegen die Bewegungsrichtung gestellt und gebogen ist, ist diese Variante auch möglich.)

Was mit dieser Übung bezweckt werden soll, ist Folgendes: Das innere Hinterbein des Pferdes soll vermehrt Tragkraft entwickeln um die Vorhand nicht nach außen zu schieben. Gerade auf seiner steiferen Seite wird das Pferd sich gegen das geforderte „Untertreten" sperren, denn das findet es anstrengend, genauso wie wir Menschen gymnastische Übungen anstrengend finden, bei denen wir eine steife Muskelgruppe belasten und dehnen sollen. Die Muskeln der äußeren Seite des Pferdes werden bei dieser Übung gedehnt, die der inneren Seite verkürzt. Die eigentliche Gymnastizierung erfolgt hauptsächlich über die Dehnung.

Schulterherein muss nun auf beiden Seiten geritten werden (links mit der umgekehrten Hilfengebung), damit das jeweils innere Hinterbein vermehrt Tragkraft entwickeln kann – und beide Hinterbeine gleich stark gymnastiziert werden. Auf der steiferen Seite des Pferdes fordern Sie anfangs weniger Abstellung der Vorhand von der Bande als auf der besseren Seite und steigern die

Travers von hinten ...   *... und von vorne.*

Anforderungen langsamer. Bei guter Gymnastizierung durch diese Übung sollte das Schulterherein schließlich auf beiden Seiten gleich gut klappen – das bedeutet, dass beide inneren Hinterbeine gleich gut tragen können.

Vier Hinterbeine

Ein Pferd hat vier Hinterbeine. „Wie bitte?" werden Sie jetzt fragen. Anatomisch hat es natürlich nur zwei, aber vom gymnastizierenden Gesichtspunkt hat es vier. Auf jeder

Hand nämlich ein inneres Hinterbein und ein äußeres Hinterbein. Im Klartext: Auf der rechten Hand ein rechtes inneres Hinterbein und ein linkes äußeres – und auf der linken Hand ein linkes inneres Hinterbein und ein rechtes äußeres.

Warum diese Aufspaltung?
Beim Schulterherein ist es jeweils das äußere Hinterbein, welches vermehrt schiebt, und das innere Hinterbein, welches vermehrt trägt. Um eine noch bessere Gymnastizierung zu erreichen (und noch besse-

re Kontrolle über die Hinterbeine des Pferdes und damit über seine äußere Seite zu haben) wollen wir nun auch das äußere Hinterbein zum Tragen auffordern. Das tun wir über die Traversstellung des Pferdes. Dabei wird die Hinterhand in die Bahn hineingestellt und die Vorhand außen gehalten.

Bleiben wir auf der rechten Hand wie beim vorigen Beispiel des Schulterheins: Der Reiter sitzt verstärkt auf dem rechten Gesäßknochen und schaut wieder in Bewegungsrichtung (in diesem Fall an der rechten Schulter des Pferdes vorbei nach vorne), sein rechter Schenkel liegt am Gurt und hält die Vorhand außen, der linke (äußere) Zügel unterstützt ihn dabei. Der linke Schenkel liegt hinter dem Gurt und hält die Hinterhand innen. Das Pferd ist nach rechts gestellt.

Dabei bringen wir nicht das innere – rechte – Hinterbein zum stärkeren Untertreten, sondern das äußere – linke –, welches vor das innere Hinterbein gesetzt werden soll. Das erfordert eine enorme Dehnung der äußeren – linken – Seite des Pferdes. Das äußere Hinterbein soll dabei vermehrt unter den Schwerpunkt des Pferdes treten und somit Gewicht aufnehmen. Die Bewegung und die Belastung des z.B. linken Hinterbeines als äußeres und als inneres Hinterbein ist eine völlig andere. Deswegen die Unterscheidung.

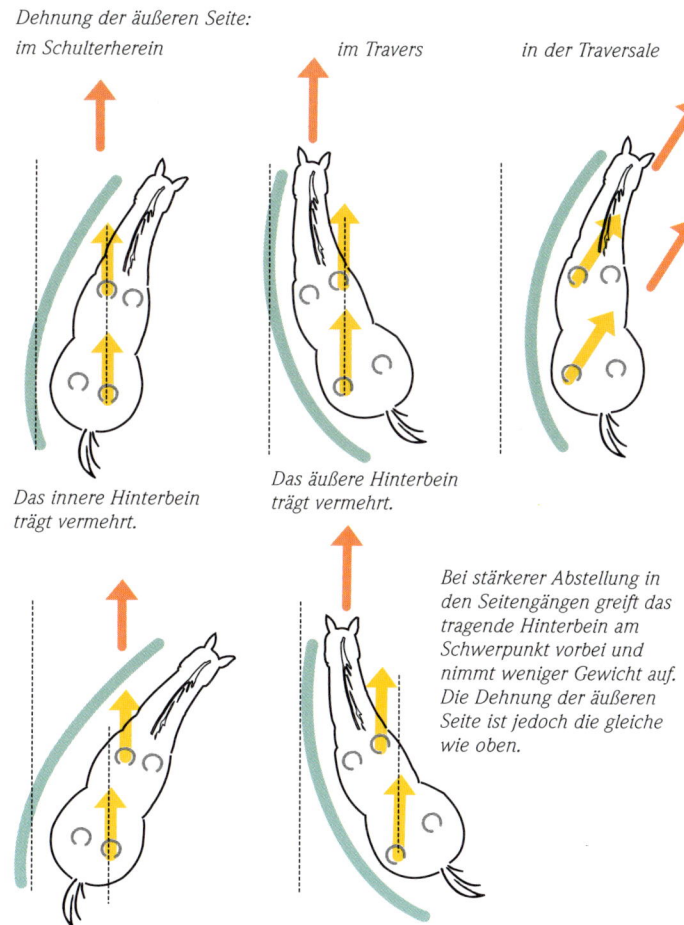

Dehnung der äußeren Seite:
im Schulterherein   im Travers   in der Traversale

Das innere Hinterbein trägt vermehrt.

Das äußere Hinterbein trägt vermehrt.

Bei stärkerer Abstellung in den Seitengängen greift das tragende Hinterbein am Schwerpunkt vorbei und nimmt weniger Gewicht auf. Die Dehnung der äußeren Seite ist jedoch die gleiche wie oben.

Interessant wird der gymnastische Effekt bei einem häufigen Wechsel der Hinterbeine vom inneren zum äußeren und zurück. Diesen Wechsel erreicht der Reiter dadurch, dass er innerhalb der Seitengänge Stellung und Biegung dauernd wechselt. (Oder zwischen geraden und gebogenen Linien wechselt.) Dazu gibt es eine Reihe von Möglichkeiten und Kombinationen, die immer erst im langsamen Schritt gefestigt werden müssen, bevor sie in anderen Gangarten probiert werden sollten. Nicht unbedingt nur deswegen, weil das Pferd sich einen

Reiten mit wechselnder Außenstellung ...   *... und Innenstellung auf dem Zirkel.*
Der jeweils innere Zügel ist lose, wie man auf dem rechten Bild gut erkennen kann. Das Gewicht der Reiterin ist jeweils auf dem äußeren Gesäßknochen – auf dem linken Bild links und auf dem rechten Bild rechts.

„Knoten in die Beine" machen könnte, sondern vor allem, weil viele Reiter sonst einen „Knoten im Kopf" haben – will sagen, Koordinationsprobleme bekommen.

Eine Umstellung auf der langen Seite vom Schulterherein zum Travers ist noch relativ einfach, denn der Reiter muss nur die Vorhand des Pferdes nach außen führen, den inneren Gesäßknochen belasten und ansonsten Stellung und Biegung des Pferdes erhalten. Die Umstellung z.B. vom Schulterherein zum Renvers (dem Travers auf der anderen Hand) ist da schon schwieriger: Die Bewegungsrichtung des Pferdes bleibt gleich – jedoch ändert sich Stellung und Biegung, der innere Schenkel des Reiters wird zum äußeren und umgekehrt, die äußere gedehnte Seite wird zur inneren verkürzten Seite und umgekehrt. Durch diese wechselseitige Dehnung und Verkürzung bauen Sie auch optimal die richtige Muskulatur des Pferdes auf um Sie ohne Schaden für Rücken und Beine zu tragen.

Ein Wechsel zwischen geraden Linien und gebogenen Abschnitten zeigt Ihnen deutlich, wie gut Ihre seitliche Kontrolle des Pferdes schon ist. Bleibt das Pferd auf der Geraden ohne zu schwanken gerade? Nimmt es danach eine geforderte neue Biegung willig an ohne nach innen oder nach außen wegzudriften? Auf beiden Händen gleich gut?

Dann war Ihre Arbeit erfolgreich! Klappen die Seitengänge auf der langen Seite, können sie alle auch auf dem Zirkel und schließlich auf Volten geritten werden.

Mit den Seitengängen – vor allem dem Schulterherein – haben Sie den Grundstein für alle Korrekturen hinsichtlich der Bewegungsrichtung des Pferdes gelegt. Zudem können Sie damit immer verhindern, dass Ihnen das Pferd im Tempo zu schnell wird.

Eine weitere gute Übung ist das Reiten mit wechselnder Innen- und Außenstellung des Pferdes auf dem Zirkel. Damit soll erreicht werden, dass das Pferd unabhängig von seiner Stellung und seiner Blickrichtung auf Gewicht und Schenkelhilfen des Reiters reagiert. Wenn das Pferd gelernt hat nicht immer dorthin zu laufen, wohin es schaut (wie es das von Natur aus tut), dann verbessert das die Kontrolle des Reiters ganz erheblich.

Zirkelprobleme

Besonders bei Zirkelproblemen, bei denen Ihnen das Pferd in den Zirkel hineinkippt oder herausdrängelt, helfen diese Übungen (siehe Zeichnungen S. 87).

Herausdrängeln
Drängt das Pferd aus dem Zirkel heraus, dann schiebt das innere Hinterbein es diagonal nach außen heraus – d.h., das innere Hinterbein muss prinzipiell mehr zum Tragen aufgefordert werden. Man kann sich jedoch durch eine Außenstellung des Pferdes als Korrekturstellung kurzfristig helfen. Damit entlasten Sie das innere Hinterbein etwas von seiner nötigen Tragefunktion und verlagern diese auf das äußere Hinterbein. Langfristig muss jedoch die Tragkraft des inneren Hinterbeines durch die Seitengänge entwickelt werden.

Das Herausdrängeln verhindern Sie sehr effektiv, indem Sie das Pferd leicht nach außen stellen, dabei Ihr Gewicht aber sehr deutlich nach innen verlagern (und nach innen auf die Zirkellinie schauen). Der äußere Schenkel (der in dieser Stellung eigentlich zum inneren wird, denn innen ist immer da, wohin das Pferd gestellt und gebogen ist) hält das Pferd zusätzlich auf der Zirkellinie. Damit nehmen Sie dem Pferd erstens die Möglichkeit über die äußere Schulter „abzuhauen", denn diese wird durch die Außenstellung auch zur „inneren" Schulter – und damit in ihren Möglichkeiten nach außen auszufallen „begrenzt"; das Pferd kann deswegen nicht einfach im Hals abknicken und geradeaus, aus dem Zirkel heraus, weiterlaufen. Es kann aber genauso wenig mit der Hinterhand „aus der Spur" laufen, weil das die Konterstellung verhindert (d.h. die Hinterhand fällt auch nicht nach außen aus der Zirkellinie heraus). Sie haben durch diese leichte Außenstellung also sowohl die Schulter als auch die Hinterhand besser unter Kontrolle.

Hineinkippen
Kippt Ihr Pferd in den Zirkel hinein, so schiebt das äußere Hinterbein das Pferd über die Schulter in den Zirkel hinein – er wird dabei spiralförmig immer enger. Das kann jedoch nur passieren, wenn das Pferd nicht gebogen auf dem Zirkel geht, sondern versucht in der Längsachse gerade zu bleiben.

In diesem Fall stellen Sie das Pferd verstärkt nach innen um eine Innenbiegung zu erreichen, lassen Ihr Gewicht aber sehr deutlich auf dem äußeren Gesäßknochen und setzen den inneren Schenkel vermehrt ein um das Pferd zu biegen (das kann anfangs etwas kraftaufwendig für diesen inneren Schenkel sein). Der äußere Schenkel liegt dabei verwahrend hinter dem Gurt, verhindert ein Ausweichen des äußeren Hinterbeines und hilft so die Biegung zu erhalten. Damit verhindern Sie, dass sich Ihr Zirkel nach innen spiralt. Im Prinzip reiten Sie dabei ein überdeutliches Schulterherein, erreichen dadurch Biegung und erhalten die Tragkraft des inneren Hinterbeines. Gleichzeitig begrenzen Sie durch Ihre Blickrichtung und Ihre Gewichtsverlagerung nach außen den Schub des äußeren Hinterbeines nach innen.

Weitergehende Korrekturmöglichkeiten haben Sie bei der Traversstellung auf dem Zirkel, denn dabei wird das äußere Hinterbein hinsichtlich seiner Tragkraft mehr gefordert. Das funktioniert jedoch erst dann, wenn die Schulterhereinstellung sicher beherrscht wird.

Normalerweise wird es bei einem Pferd, dessen Trag- und Schubkraft in den Hinterbeinen sehr unterschiedlich ausgeprägt ist, immer so sein, dass das Pferd auf der einen Hand in den Zirkel hineinkippt und auf der anderen Hand aus dem Zirkel herausfällt. (Das gilt natürlich nicht nur für den Zirkel, sondern für jede Wendung.) Angenommen, das rechte Hinterbein trägt deutlich besser als das linke, dann wird das Pferd auf der rechten Hand eher in den Zirkel hineinfallen und auf der linken Hand eher herausdrängen.

Pferde mit sehr wenig Tragkraft und zu viel Schubkraft in beiden Hinterbeinen neigen normalerweise dazu, nach beiden Richtungen aus dem Zirkel herauszudrängen, da ihnen die Biegung auf der Zirkellinie auf beiden Seiten unangenehm ist und das jeweils innere Hinterbein immer nach außen schiebt. Es kommt jedoch auch vor, dass solch ein Pferd „nach innen kippt", weil das jeweils äußere Hinterbein es nach innen schiebt. Oder dass sich Kippen und Heraus-

drängeln abwechseln. In beiden Fällen entzieht sich das Pferd dabei der Biegung (also dem „Geradeausgehen" auf dem Zirkel), weil sein jeweiliges inneres Hinterbein nicht tragen will.

Prinzipiell ist es einfacher, die Seitengänge erst auf den langen Seiten zu üben und danach überhaupt erst mit der grundsätzlichen Arbeit auf dem Zirkel zu beginnen.

Noch einmal im Überblick

Das Pferd wird in diesen Korrekturübungen immer überdeutlich in die Richtung gestellt (und gebogen, wenn möglich), in die es ausfallen will. Das Gewicht des Reiters bleibt immer auf der entgegengesetzten Seite der Stellung, so dass das Pferd auf der Zirkellinie gehalten wird. Der innere Schenkel ist immer auf der Seite, nach der das Pferd gebogen ist. Er liegt am Gurt. Der äußere Schenkel ist immer der der Biegung abgewandte Schenkel. Er liegt weiter hinten als der innere Schenkel. Wie weit, ist eine Frage des Stils und der feinen Abstimmung. Bei einem steifen oder jungen Pferd weiter hinten (zur besseren Unterscheidung vom inneren), bei einem fein eingestellten Pferd nicht mehr so weit hinten. Der innere Zügel ist immer auf der Seite, nach der das Pferd gebogen ist. Der äußere Zügel ist immer der der Biegung abgewandte Zügel. Idealerweise ist der innere Stellungszügel nach dem

Einstellen des Pferdes lose und das Pferd steht am äußeren Zügel (der jedoch bei Außenstellung der auf der Zirkelinnenseite ist.)

Schnurgerade

Mit einem Pferd, welches auf beiden Seiten gleich gut gymnastiziert ist, sollten Sie nun auch keine Probleme mehr haben, wenn es ums Geradeausreiten geht. Wenn beide Hinterbeine des Pferdes gleich gut tragen, dann geht es auch schnurgerade – es sei denn, Sie sitzen schief oder haben die Zügel ungleich lang.

Achten Sie darauf, den Kopf gerade zu halten und immer genau geradeaus zu schauen. Fixieren Sie einen weiter entfernten Punkt und reiten Sie schnurgerade darauf zu. Belasten Sie beide Gesäßknochen gleich stark. Achten Sie auf gleich lange Bügel, auf gleich hoch getragene Schultern usw.

Geht das Pferd nicht geradeaus, dann versuchen Sie nicht zu korrigieren, indem Sie einfach den Zügel rechts oder links annehmen. Das versetzt das Pferd meist nur in eine Zickzackbewegung. Arbeiten Sie lieber weiter an der grundsätzlichen Gymnastizierung des Pferdes – d.h. entwickeln Sie die Tragkraft des Hinterbeines, welches das Pferd seitlich wegschiebt. Weicht das Pferd rechts von der Geraden ab, dann schiebt das linke Hinterbein zu viel

Korrekturen auf dem Zirkel

Das Pferd wird jeweils überdeutlich in die Richtung gestellt, in die es ausweichen will bzw. kippt.

Das Pferd kippt in den Zirkel hinein.

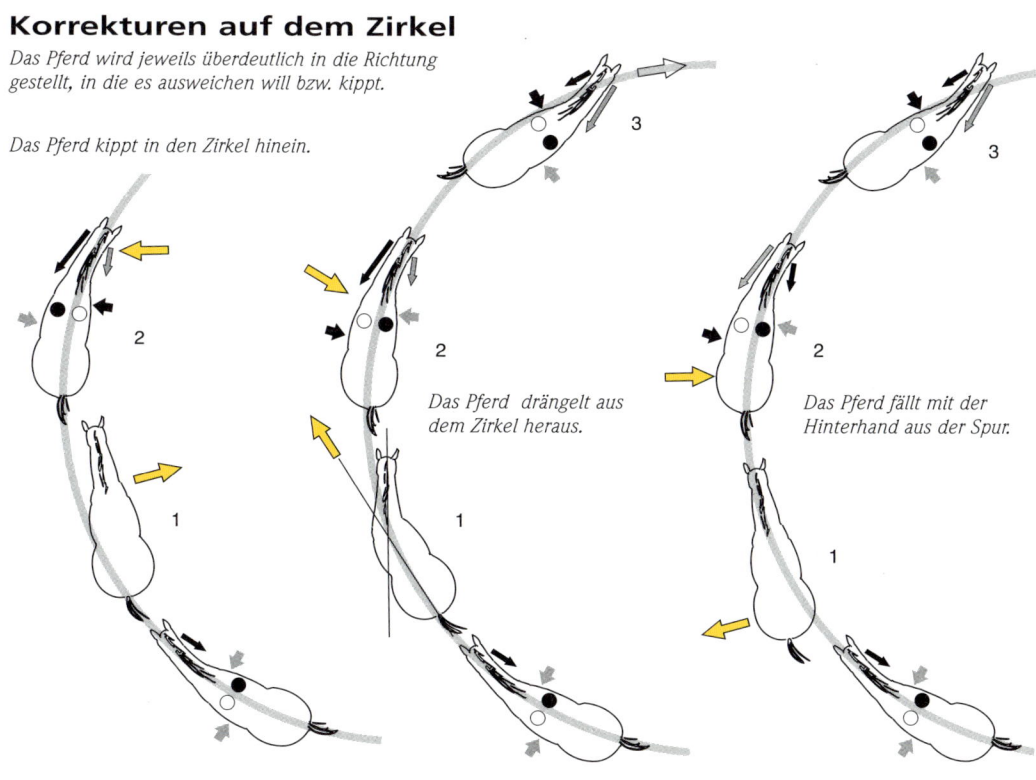

Das Pferd drängelt aus dem Zirkel heraus.

Das Pferd fällt mit der Hinterhand aus der Spur.

und muss vermehrt zum Tragen gebracht werden. Weicht es nach links ab, dann trägt das rechte Hinterbein nicht genug. Oder versuchen Sie Ihren Sitz in Ordnung zu bringen.

Nicht von ungefähr werden in der Dressur gerade Linien und Seitengänge gefordert und im westernsportlichen Pendant, der Reining, wiederum gerade Linien in Verbindung mit sauber „ausgesteuerten" Zirkeln. Diese Manöver zeigen dem

Richter sehr deutlich, wie gut das Pferd gymnastiziert ist und wie es dementsprechend mit der seitlichen Kontrolle steht.

Jeder Reiter, der sich schon einmal wirklich bemüht hat, gerade Linien zu reiten und seinen Zirkel ohne Ecken und Kanten hinzubekommen, weiß, wie schwer diese so einfach aussehenden Übungen eigentlich sind, es sei denn, er „schlampt" über eine wirklich korrekte Ausführung hinweg.

Nicht die spektakulären Stopps oder Spins oder Galopp-Pirouetten sind die wahre Kunst, sondern die Basisarbeit – mit Geduld und Konsequenz durchgeführt. Alles andere ergibt sich daraus. Ein fliegender Galoppwechsel ist ein „Abfallprodukt" einer sauberen beidseitigen Gymnastizierung. Er ist prinzipiell nichts anderes als ein korrekt gerittener Richtungswechsel.

Ein Spin oder eine Galopp-Pirouette sind das Ergebnis eines tragkräftig

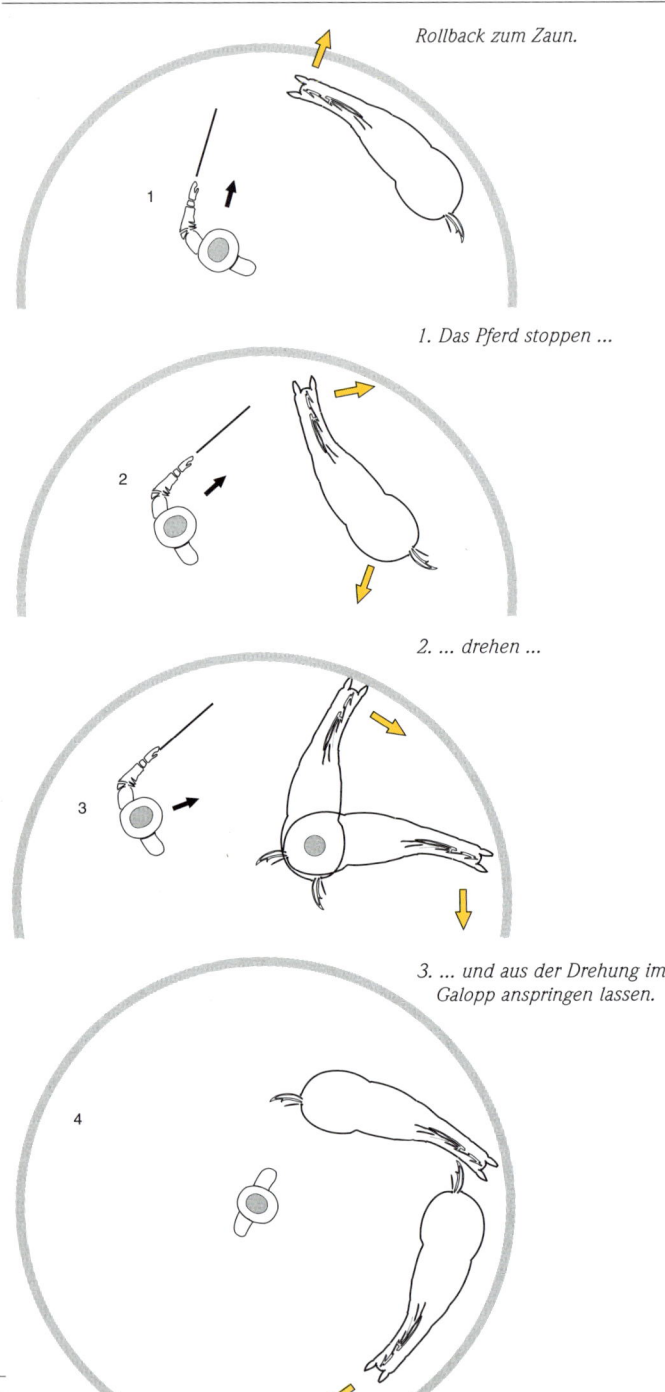

Rollback zum Zaun.

1. Das Pferd stoppen ...

2. ... drehen ...

3. ... und aus der Drehung im Galopp anspringen lassen.

gemachten inneren Hinterbeines, das in der Lage ist extrem viel Gewicht aufzunehmen. Sie setzen die gleiche Basisarbeit voraus, die vielleicht bei manchen Pferden in der Levade oder den „Schulen über der Erde" gipfeln kann.

Falscher Galopp

Es gibt besonders steife Pferde, die sehr lange nur auf einer Hand galoppiert sind und deswegen auf der anderen Hand immer im Außengalopp anspringen. Manchmal tun sich auch junge Pferde mit dem Rechts- oder dem Linksgalopp schwer.

Bei jungen Pferden spart man in diesem Fall unter dem Reiter den Galopp – auch den auf der „guten" Hand – eine Weile ganz aus und versucht das Pferd auf beiden Seiten gleich gut im Trab zu gymnastizieren. Danach können Sie mit dem Galopp beginnen. Achten Sie darauf, Ihre innere Hüfte gut vorzuschieben. Wenn der innere Schenkel am Gurt und der äußere hinter dem Gurt liegt, kommt Ihre innere Hüfte fast automatisch vor. Durch diese Position sitzen Sie in Richtung der Mittleren Diagonale beim Galopp – inneres Hinterbein und äußeres Vorderbein. Manchmal hilft es, dem Pferd mit der äußeren Hand auf die Kruppe zu klatschen – damit befinden Sie sich extrem in der Position „innere Hüfte vor".

Unter Umständen kann es auch nützen, das Pferd übergangsweise nach außen zu stellen, damit es die innere Schulter zum weiten Vorspringen frei hat. Geben Sie auf jeden Fall deutlich am inneren Zügel nach, damit das Pferd nicht gegen Ihre Hand anspringen muss. Das Angaloppieren zur geschlossenen Seite des Zirkels hin bringt eine psychologische Hilfe und hilft beim Loslassen des inneren Zügels.

Sie können auch versuchen direkt über einem kleinen Sprung aus dem Trab das Pferd deutlich in die Richtung der schlechteren Seite zu stellen, so dass es im gewünschten Galopp landet.

Richtiger Galopp im Roundpen

Bei schweren Fällen, wenn das Pferd schon eine Weile unter dem Reiter und an der Longe nur auf einer Hand galoppiert ist, hilft die Arbeit im Roundpen (am besten anfangs vom Boden aus). Lassen Sie das Pferd auf der guten Seite angaloppieren und eine Runde laufen. Stoppen Sie es dann und wenden es nach außen gegen den Zaun (Rollback). Sehen Sie zu, dass es aus der Wendung schnell herausgaloppiert – ohne Trabtritte dazwischen. Es sollte dabei auf der richtigen Hand herauskommen. Lassen Sie es dann eine Weile richtig herum galoppieren, bevor Sie es wieder zum Trab oder Schritt zurücknehmen und wieder auf die gute Seite

Der „richtige Galopp": Rechtsgalopp in der Rechtswendung – man sieht deutlich die 2. Phase des Galoppsprungs, die diagonale Beinstütze rechtes Hinterbein und linkes Vorderbein.

wenden. Üben Sie das ein paar Mal von der guten Seite aus, bevor Sie es auf der schlechten Seite anspringen lassen.

Kommt es im Außengalopp aus der Wendung, dann wenden Sie es

sofort wieder zurück, lassen es eine Runde auf der guten Seite laufen und versuchen wieder die Wendung nach außen – bis es im gewünschten Galopp herauskommt.

HANDARBEIT

Probleme mit der Zügelkontrolle

Auf dem Zügel, hinter dem Zügel, über dem Zügel (keine Genickkontrolle), offene Mäuler, Kopfschnicken, hart im Maul, keine Durchlässigkeit
(siehe auch „Tempolimit", S. 74 ff. und „Langer Bremsweg", S. 65 ff.)

Viele Reiter haben ein Problem mit den Zügeln. Das äußert sich in zu hoher oder zu tiefer Kopfhaltung des Pferdes (über oder hinter dem Zügel), aufgesperrten Pferdemäulern oder darin, dass das Pferd auf der Hand liegt, den Zügel nicht annimmt, mit dem Kopf schnickt oder was es sonst noch für unerwünschte Reaktionen gibt.
Immer ist ein Zügelproblem ein „zusammengesetztes Problem". Der Rücken des Pferdes in seiner Tragefunktion ist dabei in Mitleidenschaft gezogen, denn wenn das Pferd den Zügel nicht annimmt, unterbricht es in seiner Halswirbelsäule an einer Stelle den Spannungsbogen, der durch seine gesamte Wirbelsäule laufen sollte. Diese Spannung in der Wirbelsäule ist notwendig, damit der Rücken nicht durchhängt und dadurch mit dem Reitergewicht Schaden nimmt (siehe „Rückenprobleme", S. 95 ff.).

Ziehen verboten – Funktion der Zügel

Die meisten Probleme entstehen aus einem grundsätzlichen Unverständnis vieler Reiter, wofür die Zügel eigentlich gebraucht werden.
Um es gleich vorneweg zu sagen: Zügel sind nicht dazu da, ein Pferd nach dem Motto „Viel Ziehen hilft viel" anzuhalten. Schärfere Gebisse sind gleichfalls nicht dazu gedacht, ein Pferd besser anhalten oder verlangsamen zu können, sondern nur dazu, ein sensibel gerittenes Pferd noch feiner einzustellen.
Zügel sind stattdessen dazu da, immer – und nur – im Kontext mit den Schenkel- und Gewichtshilfen zu wirken. Ihre Aufgabe ist es, das Pferd in eine gewünschte Richtung zu stellen oder eine Energie aus der Hinterhand des Pferdes aufzufangen. Ein Zügel darf nie rückwärts ziehend wirken, sondern immer nur seitwärts stellend. Im äußersten Fall darf er „stehend" benutzt werden um eine Vorwärtsbewegung zu begrenzen und das Pferd zu versammeln.
Wo ist denn der Unterschied zwischen ziehend und begrenzend? werden Sie fragen.
Der begrenzende, verhaltende Zügel ist etwas ganz anderes als ein rückwärts ziehender Zügel.
Er fängt eine Bewegung aus der Hinterhand, die der Reiter durch

Treiben verursacht, vorne auf und verwandelt damit den vorwärts gerichteten Schub aus der Hinterhand in aufwärts gerichtete Tragkraft. So funktioniert eine Parade. Ein Anhalten aus dem Galopp z.B. ist nichts anderes als ein extrem starkes Vorwärtstreiben der Hinterhand in Verbindung mit einem Begrenzen der Vorhand; dabei wird vorne so viel begrenzt, dass alle schiebende Bewegungsenergie in Tragkraft umgewandelt wird und keine Vorwärtsbewegung mehr übrig bleibt. Das Pferd senkt die Hinterhand und die Vorhand wird leicht.
Kommt von hinten nach vorn keine Bewegungsenergie an, weil z.B. der Reiter nicht treibt, dann kann auch vorne nichts aufgefangen werden. Will der Reiter verlangsamen oder anhalten und erzeugt von hinten keine Energie, dann kann er vorne nicht begrenzen, sondern nur rückwärts ziehen. Das Pferd nimmt dann die Hauptlast des Reiters mit den Vorderbeinen auf statt mit der Hinterhand und liegt auf der Hand. Es sucht sich eine Stütze in der Hand des Reiters, weil die Vorhand nicht dafür gemacht ist, die Bewegungsenergie aufzunehmen (sie hat normalerweise im Bewegungsapparat des Pferdes nur Stützfunktion). In diesem Augenblick zieht der Reiter am Zügel – der Zügel wirkt rückwärts. Durch dieses „Von-vorne-nach-hinten-Reiten" entstehen die häufigsten Zügelprobleme.

Sperrt das Pferd das Maul auf, sobald der Reiter einen Zügel annimmt um irgendetwas von seinem Pferd zu fordern, sieht dieser sehr deutlich, dass in der Kommunikation zwischen seiner Hand und dem Pferdemaul etwas nicht stimmt. Über dem Zügel gehen und ein aufgesperrtes Maul kommen oft gemeinsam daher und sind auch durch gleiche Maßnahmen zu korrigieren. Das Pferd will sich mit beidem einer Handeinwirkung entziehen, die es – aus welchem Grund auch immer – als störend empfindet. Dem Pferd das Maul zuzuschnüren oder es mit Ausbindern, Schlaufzügeln oder sonstigen Hilfsinstrumenten mit der Nase unten zu halten, ist keine ernst zu nehmende Alternative um das Problem zu beheben. Denn damit bekämpfen Sie – wenn überhaupt etwas mit diesen Maßnahmen erreicht wird – ein Symptom und nicht die Ursache des Übels. Die Ursache liegt sehr oft im rückwärts wirkenden Zügel in Verbindung mit einer nicht genügend gefühlvollen Reiterhand. In selteneren Fällen kann es sich auch um ein anatomisches Problem handeln. Bei einer Quarterstute, die dauernd mit offenem Maul auf ihrem Gebiss herumknatschte, sobald sie etwas mehr versammelt wurde, zeigte sich bei einer Untersuchung eine chronische Kehlkopfreizung (d.h. der Kehlkopfbereich war dauernd leicht angeschwollen). Die Stute war

Deutliche seitliche Abstellung des Pferdes durch Herausführen der inneren Hand – hier mit einem Sidepull.

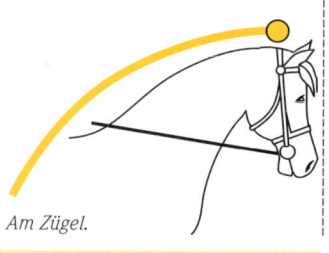

Am Zügel.

*Bruch im
Spannungsbogen
der Oberlinie*

Über dem Zügel.

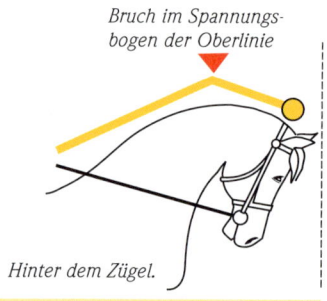

*Bruch im Spannungs-
bogen der Oberlinie*

Hinter dem Zügel.

*Bruch im Spannungs-
bogen der Oberlinie*

Auf dem Zügel.

zusätzlich etwas eng in den Ganaschen und bekam nun einfach schlechter Luft, wenn man sie etwas enger im Hals machte (was sich dann auch durch ein leichtes „Schnorcheln" zeigte); sie „beschwerte" sich mit dem offenen Maul gegen eine stärkere Versammlung, die ihr in diesem Fall die Luft abschnürte. Dieses Pferd musste in der weiteren Arbeit tiefer eingestellt werden und im Hals etwas länger bleiben dürfen. Bei Pferden mit von Natur aus tief angesetztem Hals und steiler Schulter oder engen Ganaschen werden solche Schwierigkeiten mit der Zügeleinwirkung häufiger auftreten und schwerer zu korrigieren sein als bei Pferden mit guter schräger Schulter, wenig Unterhals und viel Ganaschenfreiheit.

Abhilfe schaffen aber in fast allen Fällen eine seitliche Abstellung des Pferdes bei Paraden und das Training der Seitengänge, insbesondere das Reiten in Hohlstellung (mit idealerweise schließlich losem bzw. nachgegebenem innerem Zügel, wie im Abschnitt „Aus der Spur gelaufen", siehe S. 80 ff. beschrieben). Damit verhindern Sie, dass Sie mit dem Zügel rückwärts einwirken. Das Pferd stellt sich dabei an den äußeren Zügel und kann sich in dieser Hohlstellung den vom Reiter gegebenen Paraden nicht so einfach entziehen.

Trab-Schritt-Übergänge oder auch Galopp-Trab-Übergänge, in Hohlstellung geritten, tun ein Übriges. Die gleichen Übergänge in den Seitengängen Travers/Renvers oder Schulterherein haben einen noch besseren Effekt um den Unterhals und damit das Über-dem-Zügel-Gehen zu kontrollieren. Auch das Abwenden nach innen, sobald das Pferd den Unterhals hochdrückt, ist ein gutes Korrekturmittel. „Hauptsache gebogen" lautet das Motto, denn in der Biegung ist das Pferd in seinen Widerstandsmöglichkeiten stark eingeschränkt.

Auf dem Zügel

Liegt das Pferd auf dem Zügel und Sie haben das Gefühl den Pferdekopf tragen zu müssen, so ist das etwas einfacher zu korrigieren. Es geht hauptsächlich darum, dem Pferd die Stütze in der Reiterhand zu verwehren und seine Vorhand zu entlasten. Es soll sich selbst tragen und nicht seinen Kopf von Ihnen tragen lassen.

Wie das gehen soll? - Ganz einfach, indem Sie den Zügel loslassen.

Leichter gesagt als getan, wenn Sie den Zügel brauchen um das Tempo zu kontrollieren und Ihnen das Pferd z.B. nach dem Loslassen sofort losrennt. Doch erstens darf der Zügel nie allein für die Tempokontrolle zuständig sein, denn dann wirkt er wieder ziehend rückwärts. Und zweitens gibt es noch einige Tricks um trotzdem – wenn auch anfangs nur zeitweise oder nur an einem Zügel – loszulassen. Auch hier ist das Reiten in Hohlstellung eine der Korrekturmaßnahmen, denn dabei sind Sie immer in der Lage wenigstens den inneren Zügel loszulassen. Reiten Sie Übergänge in der Hohlstellung und wechseln Sie oft die Richtung, denn dann können Sie häufig den angenommenen äußeren Zügel zum losen inneren Zügel machen.

Beginnen Sie im Schritt und langsamem Trab und sparen Sie den Galopp eine Weile aus, bis sich das Pferd in Schritt und Trab nicht mehr auf die Hand legt, sich weich durchparieren lässt und saubere Richtungswechsel mit guter Umstellung zeigt. Versuchen Sie den Zug auf mindestens einem Zügel (dem jeweils inneren) immer wieder auf ein Minimum zu reduzieren. Das Reiten in wechselnder Innen- und Außenstellung auf der gleichen Hand (siehe „Seitliche Kontrolle", S. 80 ff.) und damit der schnell mögliche Wechsel von innerem und äußerem Zügel hilft Ihnen auch bei diesem Problem.

Vergessen Sie nicht, dass auch bei einem Pferd, welches Ihnen davonrennt und auf der Hand liegt, die Hinterhand getrieben werden muss um unter den Schwerpunkt zu treten. Sie müssen nur schnell genug mit der Hand reagieren (durch kur-

zes weiches Annehmen und schnelles Wieder-Nachgeben) um die Energie, die Sie von hinten erzeugen, vorne zu begrenzen ohne ins Ziehen zu kommen. Geben Sie die Zügelhilfen fast vibrierend um zu verhindern, dass Ihnen das Pferd schwer auf der Hand liegt.

Ignoriert das Pferd Ihre Paraden (zum Langsamerwerden und zum Anhalten), wenn Sie die Intensität und Dauer der Zügelhilfen reduzieren, so arbeiten Sie nach den Methoden, wie im Kapitel „Langer Bremsweg", S. 65 ff., beschrieben.

Hart im Maul

Sogenannte „hartmäulige Pferde" oder Pferde, bei denen die Zügelhilfen nicht durchkommen (mangelnde Durchlässigkeit), sind nie durch schärfere Gebisse zu korrigieren, sondern immer nur durch eine Verbesserung der Längsbiegung auf beiden Seiten und die damit einhergehende Entwicklung der Tragkraft der Hinterbeine. Hartmäulige Pferde sind nämlich nicht hart, d.h. unsensibel im Maul, sondern im ganzen Körper blockiert und steif und reagieren deswegen nicht auf eine Zügelhilfe. Und es ist auch nie allein die Zügelhilfe, die nicht durchkommt. Mangelnde Durchlässigkeit beginnt immer mit mangelndem Hinterhandeinsatz. D.h., eigentlich kommen die treibenden Hilfen nicht durch – das Pferd tritt nicht unter, der Rücken schwingt nicht – und die

schlechte Reaktion auf den Zügel ist nur das Symptom.

Hinter dem Zügel

Geht das Pferd hinter dem Zügel, d.h. mit der Nase hinter der Senkrechten, dann versteckt es sich durch diese Haltung vor Ihrer Hand und entzieht sich auf diese raffinierte Weise dem Zügel. Besonders bei Pferden mit guter Oberhalslinie (und wenig Unterhals) ist diese Variante von „den Zügel nicht annehmen" verbreitet. Pferde, die hinter dem Zügel gehen, weigern sich damit oft erfolgreich die Hinterhand tragend einzusetzen. Das Zügelproblem vorne ist nur das Symptom für eine mangelnde Hinterhandtätigkeit und einen durchhängenden Rücken des Pferdes. Egal, ob das Pferd nun in dieser Haltung vorwärts rennt oder klemmt – als Reiter müssen Sie in jedem Fall treiben, damit die Hinterhand untertritt. Nun ist es sehr schwierig, bei einem Pferd, das hinter dem Zügel geht, die hinten erzeugte Energie vorne zu begrenzen, wenn Sie geradeaus reiten. Denn dabei rollt es sich unter Umständen nur noch mehr im Hals ein. Nach dem Motto „Seitengänge sind für und gegen alles gut", hilft auch hier wieder Schulterherein. Es gibt Ihnen die Möglichkeit das Tempo zu kontrollieren und dabei den inneren Zügel loszulassen. Pferde, die klemmen, müssen dabei die äußere Seite dehnen und somit entspannen. Und die „Düsewinde" werden durch die Biegung vom Rennen abgehalten.

Mit der Zeit wird das Pferd bei diesen Übungen immer besser an den äußeren Zügel herantreten.

Kopfschnicken

Am schwersten bei den Zügelproblemen ist das Kopfschnicken des Pferdes einzuordnen und zu korrigieren.

Die Ursache des Schnickens ist oft nicht so einfach zu lokalisieren wie bei den anderen Schwierigkeiten. Schnickt das Pferd mit dem Kopf, so kann das natürlich auch eine Reaktion auf eine unruhige, harte Reiterhand sein (Korrekturansätze siehe vorangegangene Abschnitte). Es kann aber auch auf einen Entzündungsherd im Kopfbereich hinweisen. Zahnschmerzen, eine Infektion der Stirnhöhle oder der Nasennebenhöhlen, Probleme mit den Ohren, allgemeine Kopfschmerzen (wie bei Menschen auch) oder irgendetwas, was das Pferd an der Trense stört.

Eine sehr einfache Lösung fand sich bei einem Wallach, der immer nur beim Angaloppieren und im flotteren Galopp mit dem Kopf schnickte, im versammelten Galopp jedoch damit aufhörte. Nachdem die Ohren untersucht waren und keinen Befund aufwiesen, stellte sich des Rätsels Lösung als sehr simpel he-

Oft eine Problemlösung: Der Bahnarbeit eine Weile den Rücken kehren und am losen Zügel ins Gelände bummeln.

raus. Im Genickbereich befand sich eine Schnalle an der Trense; daraus ragte ein ziemlich langer Riemen heraus, der das Pferd immer dann am Ohr kitzelte, wenn es angaloppierte oder schneller galoppierte. Im versammelten Galopp waren die Kopfbewegungen des Pferdes weniger stark und der Riemen lag ruhig. Mit dem Abschneiden des Riemens war das Problem beho-

ben. Leider ist das nicht immer so einfach.

Eine Vollblutstute schnickte nicht nur beim Reiten mit angenommenem Zügel, sondern auch am hingegebenen Zügel mit dem Kopf. Zuerst wurde das – nicht immer auftretende – Symptom auf „schlechte Laune" des charakterlich etwas schwierigen Pferdes an manchen Tagen geschoben, bis sich das

Schnicken verschlimmerte. Beobachtungen des Pferdes auf der Koppel und beim Fressen in der Box zeigten schließlich dasselbe Kopfschnicken auch in der „Freizeit" des Pferdes. Verursacht war das Kopfschnicken in diesem Fall durch eine Nasennebenhöhlenentzündung.

Ein anderer „Schnicker" tat dies immer nur im Frühjahr bei bestimmten Lichtverhältnissen. Eine grundsätzliche Lichtempfindlichkeit sollte bei manchen Pferden, bei denen das Problem saisonbedingt auftritt, nicht ausgeschlossen werden. Dagegen ist dann nicht allzu viel zu unternehmen.

Bei Pferden, bei denen krankheitsbedingte Ursachen oder unpassende Ausrüstung ausgeschlossen werden können, und die auch während der Arbeit in den Seitengängen lustig weiterschnicken, ist das Problem sehr schwer zu korrigieren, denn das Pferd ist so schnell mit seinen Kopfbewegungen, dass der Reiter mit der Hand oft gar nicht gegenwirken kann, ohne vorher schon zu starr und zu fest zu sein.

In solchen Fällen kann unter Umständen der kurzfristige Einsatz von – nicht zu kurz – geschnallten Ausbindern sinnvoll sein; sie stellen sicher, dass das Pferd bei einem Schnicken an seine Grenze stößt, ohne dass der Reiter vorher mit zu fester Hand einwirken muss.

Eine andere Möglichkeit einen notorischen Schnicker abzulenken ist, ihn mit neuen Aufgaben zu konfrontieren. Trailübungen oder auch kleine Gymnastik-Sprünge und Cavalettiarbeit können die Aufmerksamkeit des Pferdes fesseln und unter Umständen Abhilfe schaffen. Versuchen Sie anders zu arbeiten als vorher und ein evtl. fürs Pferd langweiliges Bahnprogramm interessanter zu machen. Vielleicht arbeiten Sie auch im Gelände statt in der Bahn.

RÜCKEN-PROBLEME

Durchhänger und Katzenbuckel

Probleme, die durch eine falsche Belastung oder Überbeanspruchung des Pferderückens auftreten, gibt es zuhauf. Vom wütenden Bocken über das „Nicht-Aufsteigen-Lassen" bis hin zu Taktfehlern (siehe S. 70) oder „harten Gängen", von mangelnder Durchlässigkeit bis zum unkontrollierten Rennen – Rückenschwierigkeiten sind oft schuld. Gerade bei Rückenproblemen sollten Sie jedoch noch einen weiteren Schritt zurück gehen in der Problemanalyse und versuchen zu ergründen, wo sie herkommen: Exterieurmängel und falsches Reiten sind die Hauptursachen.

Das versammelte Pferd hat normalerweise keine Rückenprobleme.

Beim „auseinander gefallenen" Pferd kann es zu Schäden an der Wirbelsäule kommen.

Hat das Pferd von Natur aus einen schwachen Rücken – z.B. einen sehr langen Rücken oder einen Senkrücken? Oder hat es andere Exterieurprobleme? Wie stehen die Hinterbeine unter dem Pferd? Pferde mit rückständiger Stellung neigen eher dazu, den Rücken hängen zu lassen, als Pferde, die gut „unter sich stehen". Pferde, die aufgrund einer Erkrankung in der

Das Pferd drückt den Hals hoch (oben im Galopp, unten im Trab):
Wird das nicht korrigiert, führt es auf Dauer zu Schäden am Rücken.

Gelenkgruppe in der Hinterhand (Sprunggelenk, Knie und/oder Hüfte) schlecht die Hanken winkeln können, desgleichen. Wie ist der Hals angesetzt? Hirschhalsige Pferde mit steiler Schulter drücken auch gerne den Rücken nach unten.

Oder wurde das Pferd falsch bzw. zu früh und/oder zu lange geritten, bevor es genug Rückenmuskulatur aufgebaut hatte? Geht das Pferd ständig über oder hinter dem Zügel? Dann sind Rückenprobleme vorprogrammiert (siehe auch „Handarbeit", S. 90 ff.), denn es lässt dabei immer den Rücken nach unten durchfallen. Das gipfelt im schlimmsten Fall in den sogenannten Kissing Spines; dabei berühren sich die Dornfortsätze der Wirbel, entzünden sich dadurch und verknöchern manchmal teilweise. Das Pferd wird unbeweglich in der Wirbelsäule und kann sich seitlich nicht mehr gut biegen.

Ob eine solche Unbeweglichkeit vorliegt, können Sie mit einfachen Mitteln testen. Fahren Sie mit einem Stift oder mit den Fingerknöcheln mit etwas Druck von vorne nach hinten an den Rippen des Pferdes entlang. Es sollte auf diese Störung reagieren, indem es den Brustkorb davon wegbewegt, sich also biegt. Fahren Sie an der rechten Seite des Pferdes entlang, so sollte es sich nach rechts biegen, den Brustkorb also nach links von Ihrem Druck wegbewegen. Tut es das nicht, so liegt evtl. eine Unbeweglichkeit in Form einer sehr starken Steifheit oder einer Verknöcherung der Wirbel vor.

Beide Ursachenbereiche greifen oft ineinander und machen eine eindeutige Zuordnung oder „Schuldzuweisung" schwer. Bei Pferden mit schlechtem Exterieur erfordert das Anreiten und der damit einhergehende – richtige – Muskelaufbau eine viel längere Zeit als bei Pferden ohne Gebäudemängel. Wurde das nicht berücksichtigt, dann bekommt das Pferd frühzeitig Rückenschmerzen und setzt sich auf verschiedene Weise zur Wehr. Pferde mit gutem Exterieur sind jedoch keineswegs gefeit gegen Rückenschmerzen und Veränderungen der Wirbelsäule. Durch Reitfehler, aber auch durch alte Verletzungen oder Krankheiten kann der Rücken in Mitleidenschaft gezogen werden.

Das Kreuz an der Sache mit dem Rücken ist, dass das Pferd reale Schmerzen hat – egal, ob es sich „nur" um Verspannungen der Rückenmuskulatur handelt oder um krankhafte Veränderungen im Rücken. Gerade bei Pferden mit „Vorgeschichte" ist es nicht einfach zu entscheiden, welche Art von Rückenschmerzen vorliegen, ob und wie schnell bzw. langsam man sie durch gymnastizierendes Longieren und/oder Reiten kurieren kann oder ob der Tierarzt eingreifen muss.

Unbequem

Die häufigste Klage vieler Reiter ist sicher „Mein Pferd lässt sich schlecht sitzen." In den wenigsten Fällen ist diese Unbequemlichkeit naturgegeben und nicht zu ändern. Durch einen kurzen Rücken und sehr steile Fesselung kann das Pferd zwar insgesamt etwas unbequemer und härter sein als z.B. ein Pferd mit langen Fesseln und langem Rücken - doch auch daran kann durch richtige Gymnastik (hier wieder insbesondere Biegung in den Seitengängen) einiges verbessert werden.

In den allermeisten Fällen sind die harten Bewegungen auf eine Verspannung des Pferdes im Rücken zurückzuführen – „das Pferd geht nicht über den Rücken." Prinzipiell muss das Pferd dazu gebracht werden, den Kopf zu senken und mit den Hinterbeinen gut unter den Schwerpunkt zu treten. Dabei wölbt sich automatisch der Rücken nach oben und kommt so in die optimale Position um ein Gewicht – das des Reiters – zu tragen. (So wie ein Mensch mit einem schweren Sack auf der Schulter auch einen Buckel macht und den Kopf nach unten nimmt um das Gewicht leichter zu tragen.) Diese Position des Pferdes zu erreichen, wenn das Pferd schon den Rücken wegdrückt und mehr oder weniger schmerzhaft mit dem Reitergewicht Bekanntschaft gemacht hat, ist jedoch schwer. Am besten Sie beginnen dann

damit, das Pferd vom Boden aus zu entspannen und zum Senken des Halses zu veranlassen. Alles, was am Boden die Aufmerksamkeit des Pferdes weckt, ist dazu geeignet: Verschiedenartige Stangenhindernisse, Labyrinthe, Felder mit Luftballons, Planen, Brücken, Wippen und Kombinationen dieser Übungen können helfen die Nase des Pferdes nach unten zu bekommen und den Rücken nach oben. Seitengänge an der Hand (am langen Zügel) entspannen jeweils die äußere Seite des Pferdes und gymnastizieren es vermehrt. Funktioniert dies im Schritt, so können Sie das Pferd an der Longe über Cavalettis traben lassen. Mit dem Galopp sollten Sie sich sehr lange Zeit lassen, da die meisten Pferde dabei hektisch werden und wieder den Rücken wegdrücken (abgesehen von den Pferden, die besser galoppieren als traben).

Versuchen Sie das alles möglichst ohne Hilfszügel. Sie wollen schließlich die Aufmerksamkeit Ihres Pferdes und nicht ein zwanghaft zusammengeschnürtes Tier, denn damit verschlimmern Sie Verspannungen häufig. Über den Faktor „Aufmerksamkeit" können Sie viel wirkungsvoller korrigieren, denn das Pferd wird dadurch von seinen vorhandenen Schmerzen im Rücken eher abgelenkt, als wenn Sie es „in Form" pressen und so versuchen die Nase herunterzuzwingen.

Dehnung der Oberlinie des Pferdes auf verschiedene Arten: Im Rollback, in der Traversale, an der Longe, in Trailhindernissen oder im Gelände.

(Bei Pferden, die zusätzlich noch ein Problem mit dem Gehorsam haben oder Sie noch nicht so recht als ranghöher anerkannt haben, arbeiten Sie anfangs nach den Methoden, die im Kapitel „Gewöhnungsprogramme", S. 41 ff. beschrieben sind). Bei allen Übungen an der Longe und am Boden achten Sie darauf, dass nicht nur der Kopf des Pferdes vorwärts-abwärts gestreckt wird, sondern dass auch die Hinterbeine gut mitgenommen werden. Es gibt nämlich „Künstler" unter den Pferden, die bei vorwärtsabwärts gestrecktem Hals mit der Nase fast eine Furche im Sand ziehen und trotzdem dabei den Rücken hängen lassen. Das erkennen Sie daran, dass die Oberhalslinie in diesem Moment nicht rund ist und die Hinterbeine meilenweit vom Schwerpunkt des Pferdes entfernt sind und weitgehend Schubkraft produzieren statt Tragkraft. Das Pferd drückt trotz tiefer Nase und langem Hals den Unterhals heraus und tritt nicht unter. Das Nachtreiben mit der Longierpeitsche ist bei diesen Pferden besonders wichtig.

In schweren Fällen kann ein Chambon hilfreich sein oder auch ein nicht zu eng geschnallter Schlaufzügel. Ausbinder würden das Pferd zu sehr am Abstrecken des Halses hindern. Arbeit am langen Zügel bzw. an der Doppellonge kann ebenfalls sehr nützlich sein, weil Sie dabei gezielte Zügelhilfen geben können (wenn Sie damit umgehen können).

Zeit lassen

Mit dem Reiten sollten Sie sich Zeit lassen. Massive Rückenprobleme lassen sich anfangs am besten von unten korrigieren. Ist das Pferd dagegen nur unter dem Reiter verspannt, dann bauen Sie die weitere Arbeit langsam auf – mit viel Schrittarbeit in den Seitengängen. Traben Sie schließlich leicht und reiten Sie auch die Seitengänge im Leichttraben. Das ist zwar für den Reiter nicht immer die bequemste Variante, bringt aber enorm viel Erleichterung für den Rücken des Pferdes; die Devise heißt: Möglichst wenig Belastung im Rücken bei weitestmöglicher Dehnung der Rückenmuskulatur durch Biegung (Dehnung der äußeren Seite) oder Strecken (Dehnen der Oberlinie). Die beste Trainingsgangart dafür ist der Trab – mit wenig Gleichgewichtsproblemen für das Pferd, dabei aber genug Schwung um ihn für die Biegung auszunutzen, und schließlich der Möglichkeit des Leichttrabens zur Rückenentlastung. Wechseln Sie oft zwischen Reprisen, in denen Sie das Pferd stärker zusammenstellen, und solchen, in denen es sich mit langem Hals strecken darf (alles im Leichttraben). Achten Sie darauf, dass es Ihnen beim Abstrecken nicht davoneilt. Korri-

gieren Sie das Davoneilen und auch ein Hochdrücken des Halses sofort durch Abwenden, denn in der Wendung (wie auch in der Schulterhereinstellung bzw. Hohlstellung) kann das Pferd seinen Unterhals schlecht hochdrücken. Wechseln Sie außerdem häufig die Richtung (z.B. durch Wechsel aus oder durch den Zirkel oder durch Schlangenlinien) und achten Sie auf saubere Umstellung, so dass sich immer wieder die jeweils neue äußere Seite dehnen muss. Je besser und sauberer die Umstellung bei Richtungswechseln, desto besser die Gymnastik für den verspannten Rücken. Helfen Sie sich unter Umständen durch aufgestellte Kegel, die Sie dazu zwingen, die Bahnfiguren korrekt darum herumzureiten. Das Ganze können Sie auch im Gelände üben, indem Sie Schlangenlinien um Bäume herumreiten. Achten Sie darauf, immer dorthin zu schauen, wohin Sie reiten wollen, damit sitzen Sie fast automatisch richtig, d.h. Ihr Gewicht ist durch die leichte Kopfdrehung von allein etwas mehr auf dem inneren Gesäßknochen.

Für Fortgeschrittene

Eine Möglichkeit für fortgeschrittene Reiter und Pferde ist die Entspannung des Rückens über die Piaffe. Die Oberlinie des Pferdes wird dabei stark gedehnt, die Hanken stark gewinkelt – die ideale

Gymnastik. Um die Piaffe zu entwickeln muss das Pferd im Gleichgewicht und gerade gerichtet sein. Die Hinterbeine werden durch Touchieren von unten durch einen Helfer zum stärkeren Winkeln und Vorsetzen gebracht, der obensitzende Reiter sollte sich darauf konzentrieren, mit vibrierenden Paraden das Genick des Pferdes zu kontrollieren und es am Vortreten zu hindern. Zudem etabliert er durch beidseitigen gleichzeitigen Schenkeldruck (minimal hinter dem Gurt) die Schenkelhilfen, mit denen er das Pferd später ohne den Helfer anpiaffieren kann. Besonders muss der Reiter bei diesen Übungen darauf achten, mit dem Oberkörper nicht vor die Senkrechte zu fallen.

Taktprobleme und das Rennen aufgrund von Rückenschwierigkeiten sind ähnlich zu lösen (siehe auch „Taktlos", S. 70 ff. und „Tempolimit", S. 74 ff.).

BOCKEN

Pferde bocken um etwas Unangenehmes loszuwerden. Ob ein rohes Pferd mit dem Sattel auf dem Rücken buckelt, weil es sich des ungewohnten Sattels entledigen will, oder ob ein gerittenes Pferd mit dem Reiter zu buckeln beginnt um Spannungen oder Schmerzen loszuwerden, ist prinzipiell das Gleiche.

Das junge Pferd wird mit der Zeit lernen, dass es den Sattel nicht los wird, wenn es bockt, und sich daran gewöhnen. Mit dem Reiter kann es da natürlich schon anders aussehen. Der ist unter Umständen sehr viel schneller – unfreiwillig – wieder unten als der Sattel. Junge Pferde, die gezielt mit ihrer Bockerei den

Reiter absetzen wollen, sind jedoch hierzulande recht selten, da sie schon von jung auf Kontakt mit Menschen hatten und bei guter Vorbereitung aufs Anreiten wenig Veranlassung haben ihren Reiter abzusetzen. Trotzdem ist natürlich der eine oder andere Buckler beim jungen Pferd drin und der Reiter soll-

Wenn dem Pferd etwas missfällt, kann sich das in einem Bocksprung ausdrücken.

te sicher genug sitzen um nicht sofort in „Wohnungsnot" zu geraten. Diese – sagen wir mal – „Verlegenheitsbuckler" stehen jedoch hier kaum zur Debatte. Sie zeugen von einer kurzfristigen psychischen oder körperlichen Spannung des Pferdes und können im Allgemeinen ignoriert werden, sofern das Pferd daraus nicht irgendwann ein „Gewohnheitsrecht" ableitet und sich immer erst einmal unter dem Reiter ausbuckeln will.

Energiegeladen

Pferde, die einfach „unter Strom stehen", weil sie zu viel Energie haben, können und sollen sich auf der Koppel oder auf dem Auslauf abreagieren.

Bleiben die übrig, die sich unter dem Reiter so stark verspannen, dass sich diese Spannung durch einen Buckler entlädt. Das kann manchmal bei einer neuen Übung passieren. Das Pferd versucht dabei sich durch Bocken einer anstrengenden Übung, die ja am Anfang auch zuweilen eine unangenehme Spannung erzeugen kann, zu entziehen. Das sollte dann aber eine temporäre bzw. einmalige Angelegenheit sein. Ignorieren Sie es und versuchen Sie die Übung mit etwas weniger Druck neu. Wenn das Pferd jedoch dauernd anfängt zu bocken, wenn es etwas nicht will, dann sollten Sie es dafür strafen – wenden

Sie es ab (denn gebogen kann sich das Pferd nicht so gut spannen um zu bocken) und versetzen ihm einen härteren Klaps mit der Gerte. Versuchen es Sie aber dabei in der Wendung zu halten, damit es Sie nicht mit ein paar weiteren Bucklern in den Dreck setzt – und damit diese Auseinandersetzung gewonnen hätte. Reiten Sie energisch vorwärts – auch in der Wendung –, damit es nicht klemmt und keine Spannung im Rücken aufbauen kann.

Manche Pferde beginnen auch gern den ersten Galoppsprung mit einem großen Satz – und dem Kopf zwischen den Beinen. Das kann daran liegen, dass der Reiter das Pferd zu hart in den Galopp treibt (weil das Pferd vielleicht nicht oder noch nicht so gern galoppiert) – es kann auch daran liegen, dass das Pferd im Trab (oder Schritt) verspannt war und nun in den Galopp hinein explodiert. Achten Sie darauf, wann das Pferd normalerweise beginnt zu bocken, und vermeiden Sie unter Umständen eine Weile diesen auslösenden Punkt. Galoppieren Sie z.B. nicht aus dem Schritt an, wenn das Pferd aus dem Trab ohne Buckler anspringt. Häufige Übergänge Galopp-Trab-Galopp – bei vergleichbar schnellem bzw. langsamem Tempo in Galopp und Trab – sind gut geeignet um das Pferd zu entspannen. Sie sind jedoch nicht einfach zu reiten, wenn man darauf achten muss, dass das Pferd weder

gegen die Hand geht noch ins Stocken gerät noch davoneilt.

Reiten Sie viele gebogene Linien, denn aus der Biegung heraus kann sich das Pferd nicht für einen Bocksprung spannen (das gilt auch für Steiger). Auch hier helfen wieder die Seitengänge. Reiten Sie Übergänge Halten-Schritt und Schritt-Trab (für die Fortgeschrittenen auch Trab-Galopp) im Schulterherein oder in der Traversale. Die Wahrscheinlichkeit, dass das Pferd dabei in der Lage ist zu buckeln, ist recht gering. Nur ein Pferd, welches extrem gut im Gleichgewicht ist, kann aus der Biegung heraus einen Bocksprung ansetzen – doch gegeben hat's das auch schon.

Lassen Sie potentielle Bocker den Kopf nicht zu tief nehmen, damit sie den Rücken nicht so stark spannen können.

Zwanghaft

Pferde mit Sattelzwang bocken oft direkt nach dem Aufsteigen bzw. nach dem Nachgurten. (Manche werfen sich auch nach dem Satteln hin.) Solche Pferde sollte man immer eine Weile führen, bevor man aufsteigt, oder auch ein paar Minuten ablongieren um die in diesem Fall durch das Satteln erzeugte nervöse Spannung abzubauen. Um das Problem des Sattelzwanges langfristig zu beheben ist viel Geduld vonnöten, denn das Satteln muss

Sorgfältig satteln bei Rückenproblemen.

über einen langen Zeitraum jedes Mal sehr vorsichtig vonstatten gehen und besonders beim Anziehen des Sattelgurtes brauchen Sie sehr viel Zeit: Immer wieder ein paar Schrittchen führen und erneut ein Loch nachgurten. Beißt das Pferd beim Satteln nach Ihnen, so sollten Sie das auf jeden Fall energisch unterbinden. Auch wenn das Pferd mit dem Sattel die unangenehmsten Dinge verbindet – es darf Sie nicht beißen; das ist ein nicht entschuldbarer Angriff auf Ihre ranghöhere Stellung, den Sie nicht dulden können.

Das Strecken der Vorderbeine nach vorne befreit das Pferd zudem von verklemmten, ziependen Haaren unter dem Gurt. Versuchen Sie es auch einmal mit einem weicheren Gurt oder einem Neoprengurt.

Ziehen Sie evtl. einen Sattelwechsel in Betracht: eine breitere oder höhere Kammer, eine breitere Auflagefläche, andere Druckverteilung – alles das kann helfen.

Wissen Sie genau, dass das Pferd nur wegen des ungeliebten Sattels buckelt, so können Sie es eine Weile ohne Sattel reiten; ganz Unerschrockene können auch die ungarische Variante probieren, mit Sattel, jedoch ohne Sattelgurt zu reiten.

Pferde, die immer dann bocken, wenn es nicht schnell genug losgeht – z.B. am Anfang eines Ausrittes oder zu Beginn einer Jagd – können Sie auch einmal mit der Gerte strafen oder anschreien, denn dabei handelt es sich eher um ein Gehorsamsproblem. Machen Sie diesen Pferden deutlich, dass Sie das nicht wollen – andernfalls wird es eine unangenehme Angewohnheit, genauso wie das „Nicht-Stehenbleiben" beim Aufsitzen.

Bleiben zum Schluss die Pferde, die aufgrund einer krankhaften Veränderung der Wirbelsäule bocken. Als Beispiel mag eine leichte Warmblutstute dienen, bei der vom reiterlichen Gesichtspunkt schon einiges schief gelaufen war, bevor ich sie zur Korrektur bekam. Das Pferd war relativ jung und nur angeritten gekauft und von einem älteren Anfänger geritten worden – unter der Prämisse, dass gleichzeitig eine erfahrene Reiterin das Pferd weiter ausbilden sollte. Wie oft in solchen Konstellationen gab es bald Differenzen zwischen den beiden Reitern und das Pferd wurde nur noch von dem Anfänger geritten. Es begann den Rücken wegzudrücken, Taktfehler zu zeigen und über dem Zügel zu gehen. Die Taktfehler verstärkten sich, das Pferd ging beim Satteln regelrecht in die Knie und versuchte den Reiter zu beißen. Typischer Fall von falschem Reiten mit dadurch bedingten Rückenschwierigkeiten und Sattelzwang sollte man denken. Als das Pferd schließlich immer mal wieder bockend in die Luft ging, wurde ein Tierarzt hinzugezogen, der eine Veränderung im Kniegelenk diagnostizierte und die Rückenschwierigkeiten teilweise darauf zurückführte. Fünf Monate nach der Operation des Knies bekam ich die Stute zum Reiten. Zwischenzeitlich war sie nur (mit Ausbindern) longiert und im Schritt spazieren geführt worden. Auffällig war, dass die Taktfehler im Trab immer noch vorhanden waren und dass die Stute bei jedem Angaloppieren an der Longe etwas steif herumhopste.

Ich schob es auf die vorangegangene Knieoperation und eine daraus resultierende Reststeifheit in dem betreffenden Hinterbein und in der Diagonalen. Ich begann mit Schrittarbeit im Schulterherein, worauf die Stute auf beiden Seiten sehr gut ansprach. Später im Trab zog sie jedoch immer mal wieder kurz ein Hinterbein nach. Nach fünf Wochen ging sie im Schritt sauber in allen Seitengängen und an guten Tagen auch recht taktrein im Trab. An schlechten ging sie besonders beim Antraben immer noch unklar. Nach einer weiteren Woche zeigte sie aus heiterem Himmel nach guter Schrittarbeit beim Antraben eine massive Schmerzreaktion, die sich in unkontrolliertem Bocken und Herumhopsen äußerte. Mit einiger Mühe hatte ich das Pferd wieder im

Schritt und versuchte erneut anzutraben – mit dem gleichen Ergebnis. Nach dem dritten fruchtlosen Versuch ließ ich das Pferd ohne Sattel und Trense laufen um zu sehen, ob die Reaktion ohne Reiter auch auftrat. Es passierte das Gleiche: Das Pferd ging beim Antraben in die Luft – mit rollenden Augen und gebleckten Zähnen — dem typischem „Schmerzgesicht".

Des Rätsels Lösung zeigte sich auf zwei Röntgenaufnahmen der Wirbelsäule: Der zweite und dritte Lendenwirbel lagen bei dem Pferd zu eng beieinander. Das führte bei bestimmten Bewegungen zu einer Reizung des Nervs und war nicht zu behandeln. Das Pferd war auf Dauer unreitbar.

Diese traurige Geschichte sollte verdeutlichen, wie schwierig die Diagnose bei manchen Rückenproblemen sein kann.

Manchmal hilft ein Sattelwechsel. Meist hilft das Vorwärtsreiten auf gebogenen Linien.

Steigen – eine gefährliche Angelegenheit.

STEIGEN

Pferde steigen, weil Sie etwas nicht wollen und/oder weil Sie als Reiter zu viel „Druck gemacht" haben. Vorne festhalten und hinten mit dem Sporen stechen oder mit der Gerte traktieren ist die beste Methode einem Pferd nur noch den Ausweg nach oben zu lassen – viele Steiger sind auf diese Weise regelrecht zum Steigen erzogen worden.

Steiger sind im Prinzip genauso zu korrigieren wie bockende Pferde – in der Biegung und durch Vorwärtsreiten. Versuchen Sie es gar nicht erst zum Steigen kommen zu lassen, indem Sie das Pferd weitgehend auf gebogenen Linien und in den Seitengängen reiten. (siehe „Aus der Spur gelaufen", S. 80 ff.) Meiden Sie zu Anfang der Korrektur „provokante Lektionen" wie das Rückwärtsrichten oder andere Übungen, bei denen Sie wissen, dass das Pferd sich durch Steigen entziehen will.

Nehmen Sie nie beide Zügel gleichzeitig hart an. Am besten ist es, alle Situationen eine Weile zu meiden, in denen das Pferd normalerweise steigen würde – auch wenn das bedeutet, dass Sie einige Zeit nur Schritt reiten, nicht springen oder nicht stark versammeln – eben einfach alles lassen, bei dem das Pferd hochgehen könnte. Wenn Sie so eine Weile dem Pferd keinen Anlass gegeben und die Gewohnheit des Steigens unterbrochen haben, können Sie die problembesetzten

Übungen wieder in Angriff nehmen – lassen Sie sich jedoch evtl. einen anderen Zugang einfallen.

Setzt das Pferd zum Steigen an und Sie reagieren schnell genug, dann können Sie versuchen es noch seitlich abzuwenden. Ziehen Sie jedoch nicht am Zügel rückwärts, sondern nur seitwärts – mit weit herausgeführter Hand. Versuchen Sie diese Wendung immer auf der besseren Seite des Pferdes – nicht auf der steiferen.

Ist es schon zu weit oben, dann hilft nur noch Gewicht nach vorne, Hand in die Mähne, auf keinen Fall am Zügel ziehen – und warten, bis es wieder runterkommt. Sobald es mit den Vorderbeinen den Boden berührt, versuchen Sie es abzuwenden und vorwärts zu reiten.

OHNE RÜCK-WÄRTSGANG

Das Pferd geht nicht oder schlecht rückwärts

Das Rückwärtsrichten gilt nicht von ungefähr als Gradmesser von Gehorsam und Durchlässigkeit. Ein Pferd, welches im Rücken blockiert ist, kann gar nicht anständig – d.h. über den Rücken – rückwärts treten. Es drückt den Unterhals hoch, schleift die Vorderbeine über den Boden und stellt die Hinterbeine nach hinten heraus statt unterzutre-

ten. Dabei lässt es naturgemäß den Rücken nach unten durchfallen.

Jede Art von Gymnastizierung des Pferdes, wie in den anderen Kapiteln beschrieben, hilft dieses Problem zu beseitigen. Vor allem müssen die Hinterbeine des Pferdes dazu gebracht werden, das Gewicht in der Rückwärtsbewegung aufzunehmen. Zudem muss die Nachgiebigkeit in den Ganaschen gegeben sein. Deswegen ist der folgende Satz ganz besonders wichtig: Versuchen Sie nie ein Pferd am Zügel rückwärts zu ziehen. Das wird immer in einem Widerstand im Genick enden und damit alle anderen Fehler nach sich ziehen. Nehmen Sie stattdessen einen Zügel an und stellen Sie das Pferd leicht seitlich ab, so dass es seitlich im Genick nachgeben muss (wie auch bei den Seitengängen) – und am äußeren Zügel Anlehnung hat. Fordern Sie es dann durch beidseitigen Schenkeldruck auf sich zu bewegen und verlagern Sie Ihr Gewicht leicht nach hinten. Geben Sie dabei nicht mehr mit der abstellenden Hand nach. Wenn es nun den ersten zaghaften Schritt zurück macht, dann loben Sie es und lassen sofort vorne los. Wiederholen Sie es mit Abstellung nach der anderen Seite. Es macht erst einmal nichts, wenn das Pferd dabei schief rückwärts geht. Es ist zunächst vor allem wichtig, dass es dies ohne Widerstand im Genick tut. Das

Geraderichten rückwärts kommt später von allein. Es geht im Prinzip genauso vonstatten wie das Geraderichten vorwärts (siehe S. 80). Auch hier geht es wieder um ein vermehrt schiebendes und ein vermehrt tragendes Hinterbein. Das Pferd wird in die Richtung gestellt und zur Not auch leicht gebogen, wo sich sein weniger tragendes Hinterbein befindet. Dort stellt es das Hinterbein stärker nach hinten und leicht seitlich heraus statt es unterzusetzen und zu winkeln. Deswegen beschreibt die Hinterhand einen leichten Bogen in die Richtung des schlechter gewinkelten Hinterbeines. Wenn das Pferd also rückwärts nach rechts ausweicht, dann ist das rechte Hinterbein das steifere. Stellen und biegen Sie dann das Pferd vorne nach rechts und halten Sie die Hinterhand mit dem rechten Schenkel möglichst links. Das ist eine Art Schulterherein rückwärts, welches das steifere Hinterbein zum Untersetzen zwingt. Oder fordern Sie aus dem Rückwärtsrichten in Richtung der steiferen Seite, also auf dem steiferen Hinterbein als Drehpunkt, eine halbe Hinterhandwendung, die es zum starken Untersetzen und Winkeln dieses Beines zwingt. Fordern Sie danach erneutes Rückwärtsgehen – bis das Pferd gerade bleibt.

Wenn das Pferd vorwärts gut gerade gerichtet und gleichmäßig

Trailübungen zur Verbesserung des Rückwärtsrichtens ...   *... und der Koordination aller Hilfen. (Rückwärts durch das L.)*

durchgymnastiziert ist, sollte es beim Rückwärtsrichten von allein gerade bleiben, weil es vorwärts schon gelernt hat beide Hinterbeine gleichmäßig zu winkeln.

Vereinfachen können Sie die Proze-

dur der ersten Rückwärtstritte unter dem Reiter, wenn das Pferd am Boden schon gelernt hat gehorsam auf Ihre Körpersignale und auf Ihre verbalen Hilfen hin rückwärts zu gehen. Und vor allem, wenn es

schon gelernt hat, Ihren Forderungen so weit zu vertrauen, dass es keine Angst vor dem Rückwärtstreten hat. Direkt hinter sich sieht das Pferd nichts und es gehört dementsprechend seinerseits eine gehörige Portion Vertrauen in den Menschen dazu, sich ins Unbekannte schicken zu lassen – sowohl von unten als auch unter dem Reiter.

(Viele Pferde sperren sich auch bei der Arbeit am Boden aus Steifheit gegen das Rückwärtsgehen. Diese Steifheit kann im Rücken angesiedelt sein oder in den Hinterbeinen. Ferner kann sie auch auf einen Schaden an der Wirbelsäule hindeuten – deswegen richten viele Tierärzte bei Ankaufsuntersuchungen das Pferd an der Hand rückwärts.)

Ist das Vertrauensverhältnis aufgebaut, die Gymnastizierung am Boden erfolgt sowie eine Reaktion auf die Stimmhilfen vorhanden, dann fällt das Ganze unter dem Reiter nur noch halb so schwer. Ein Helfer kann evtl. auch von unten ein zusätzliches Signal geben (mit der Gerte die Vorderbeine antippen o.Ä.), damit das Pferd nicht in Versuchung kommt im Genick Widerstand gegen die Hand zu entwickeln.

Um eine Hilfe zum Rückwärtsrichten bei einem ausgebildeten Pferd noch feiner zu machen, kann man eine bestimmte Handposition dafür reservieren. z. B. ein Anheben der Hand um die Strecke X. Das ist schließlich ein antrainierter Reflex zum Rückwärtsgehen. Das funktioniert jedoch nur, wenn das Rückwärtsrichten gelehrt oder neu trainiert wurde ohne dabei Widerstände aufzubauen.

Manche Pferde gehen auch besser rückwärts, wenn sie einen Sinn darin sehen. In rückwärts orientierten Trailhindernissen hat man mit „zähen" Vertretern oft leichteres Spiel. Allerdings ist es in den Trailhindernissen häufig so (vor allem bei loserem Zügel), dass das Pferd die Hinterbeine nicht zwingend gut untersetzen und in den Ganaschen nicht hundertprozentig nachgeben muss um trotzdem eine harmonische Figur dabei abzugeben. Trailhindernisse können aber dazu beitragen, Widerstände gegen das Rückwärtsgehen an sich abzubauen und das Vertrauen in den Reiter zu festigen. Der gymnastizierende Wert ist jedoch eher gering.

BEINARBEIT

Widerstand gegen die Schenkelhilfen

Es gibt drei Möglichkeiten, wie das Pferd auf den Druck des Schenkels reagieren kann:

1. Es weicht dem Druck aus.
2. Es ignoriert den Druck.
3. Es geht gegen den Schenkel (es baut Gegendruck auf).

Dem Druck ausweichen
Punkt 1 ist natürlich das gewünschte Ergebnis. Das Pferd weicht dem Druck aus – idealerweise bei

Schenkeldruck hinter dem Gurt mehr mit der Hinterhand und bei Schenkeldruck am Gurt mehr mit der Vorhand. Diese Reaktion ist jedoch dem Pferd nicht angeboren, sondern muss ihm antrainiert werden. Auch das Vorwärtsgehen auf beidseitigen Schenkeldruck gehört nicht zu seinem ursprünglichen Repertoire, sondern ergibt sich aus der Ausweichreaktion: Der rechte Schenkel treibt das Pferd nach links und der linke treibt es gleichzeitig nach rechts. Da das Pferd nun zu keiner Seite richtig ausweichen kann, geht es vorwärts um dem Druck zu weichen. Durch das Lehren verschiedener „Druckpunkte" an der Seite des Pferdes wird der Reiter in die Lage versetzt die Hinterhand um die Vorhand herumzuführen (Vorhandwendung), die Vorhand um die Hinterhand (Hinterhandwendung) sowie die Hinterhand und die Vorhand des Pferdes auf unterschiedlichen Linien zu halten (Seitengänge). Das bedeutet: Der Reiter kann Vorhand und Hinterhand getrennt voneinander steuern. In Verbindung mit den Zügelhilfen wird ihm dadurch erst ermöglicht das Pferd zu biegen. Ein Pferd, welches den Schenkel ignoriert oder dagegen geht, kann weder gerade gerichtet noch gymnastiziert werden.

Ignorieren
2. Ein Pferd ignoriert den Schenkel hauptsächlich aus zwei Gründen: Es

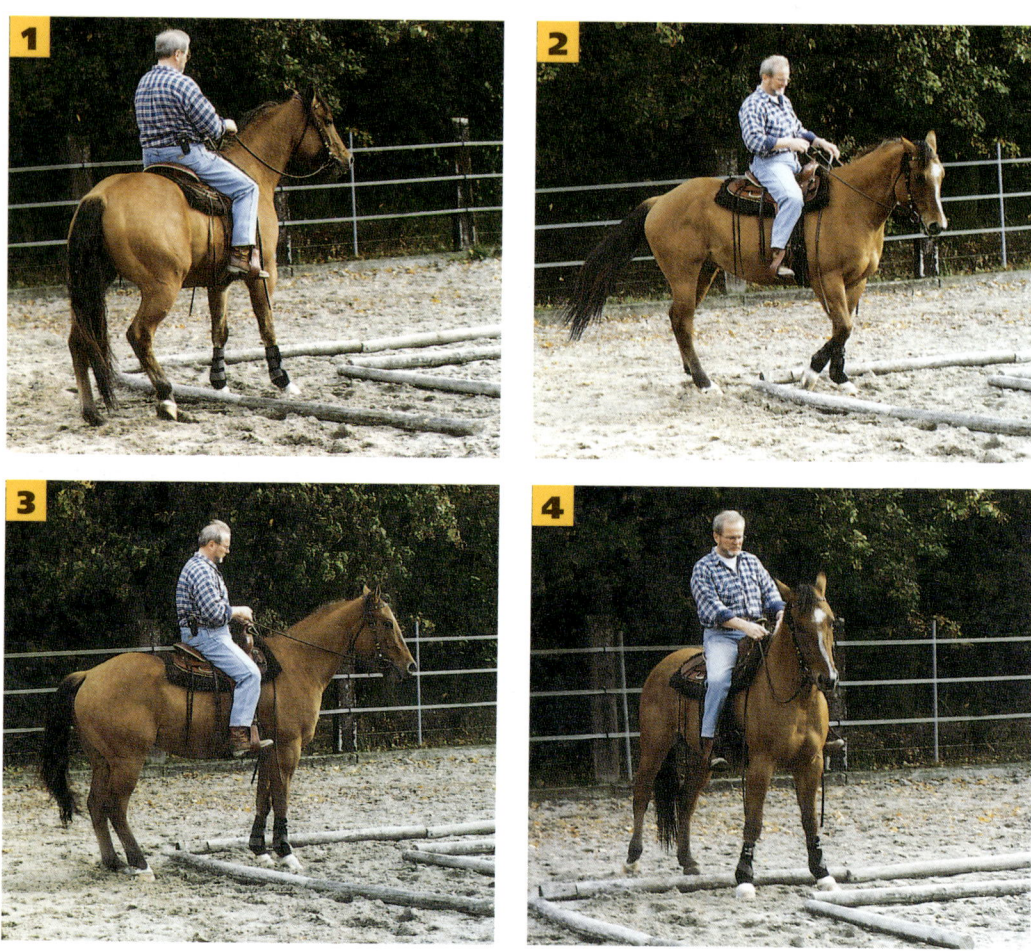

Koordinationsübung und Verbesserung der Reaktion auf den Schenkeldruck – seitwärts über einen Stangenwinkel.

weiß entweder nicht, was der Reiter ihm damit vermitteln will (bei einem jungen Pferd ist das meistens der Fall), oder es interessiert sich einfach nicht dafür, was der Reiter von ihm will. Im ersten Fall haben Sie als Reiter zwei Möglichkeiten dem Pferd die Schen-

kelhilfe anzutrainieren. Sie können Kopf und Hals des Pferdes nach rechts stellen und gleichzeitig mit dem rechten Schenkel hinter dem Gurt drücken. Aus dieser recht unbequemen Stellung wird sich das Pferd bald wieder gerade stellen wollen. Es

kann dazu mit der Vorhand in Richtung der Abstellung ausweichen, wie es das auch tut, wenn wir es ohne Schenkeldruck in Bewegung setzen wollen. Dazu sollte jedoch der äußere Zügel sehr lose sein und der Hals des Pferdes stark gebogen. Es kann jedoch auch mit der Hinterhand ausweichen. Das wird es tun, wenn wir den äußeren Zügel dabei etwas mehr annehmen, den Hals des Pferdes gerader lassen und versuchen die ganze Schulter dabei mitzunehmen. Geben wir nun einen zusätzlichen Druck mit dem inneren Schenkel, so tritt die Hinterhand eher um die Vorhand herum als umgekehrt und wir können durch die Kombination der Zügelhilfen mit dem (noch weitgehend unbekannten) Schenkeldruck diese Schenkelhilfe etablieren.

Auf die gleiche Art und Weise veranlassen Sie auch ein Pferd zum Ausweichen, welches den Schenkel kennt, ihn aber trotzdem ignoriert. Natürlich können Sie es bei diesem auch mit zusätzlichen Hilfsmitteln wie Sporen oder Gerte probieren, wenn Sie sicher sind, dass es die Hilfe kennt. Der Einsatz von Sporen ist jedoch nicht für alle Pferde gut geeignet; manche fangen dabei erst an gegen den Schenkel zu gehen – vor allem dann, wenn der Sporn zu häufig und zu früh eingesetzt wird. Zu früh bedeutet, dass Sie dem Pferd keine Gelegenheit geben erst auf den normalen Schenkeldruck zu reagieren, bevor der Sporn zur Verstärkung kommt. Eine Gerte kann von den meisten Reitern besser und zielgenauer eingesetzt werden und ist deswegen häufig vorzuziehen um

den Schenkel durch einen gleichseitigen Klaps zu unterstützen.

Gegendruck

3. Bei Pferden, die gezielt gegen den Schenkel drücken, können Sie sicher sein, dass diese Ihre Hilfe durchaus verstanden haben und einfach nicht ausweichen wollen – weil es anstrengend ist oder weil sie andere Ideen im Kopf haben, was die Richtung angeht. Diese Pferde vertragen es, wenn Sie den Schenkel strafend einsetzen, d.h. ihn vom Pferd wegnehmen und ein- bis zweimal härter gegen die Rippen bolzen. Auch ein strafender Sporenstich oder Gertenhieb ist in Ordnung. Achten Sie jedoch darauf, diese Strafen gezielt in dem Moment einzusetzen, in dem das Pferd gegendrückt, und sofort damit aufzuhören, sobald das Pferd nur ansatzweise dem Schenkeldruck ausweicht.

Sie können eine Schenkelhilfe auch vom Boden aus etablieren, indem Sie an der Stelle, an der später Ihr Schenkel liegt, mit den Fingerknöcheln oder dem Griff einer Gerte Druck ausüben und das Pferd damit seitlich verschieben oder eine Vorhandwendung machen lassen. Auf die gleiche Weise können Sie auch die Schenkelhilfe für Schulterherein und Travers vom Boden aus geben. Bei Pferden, die schon durch eine grundsätzliche Schule am Boden gegangen sind (Ausweichtraining

durch die Körperposition des Ausbilders – siehe S. 52) wird viel weniger Druck reichen als bei Pferden, die noch nicht gelernt haben auszuweichen.

Achten Sie darauf, wenn Sie Druckpunkte etablieren oder die Schenkelhilfen geben, dass Sie nicht einfach immer weiter fest drücken und das Pferd mit Ihrer eigenen Körperkraft „wegschieben" wollen, sondern zwischendurch immer wieder kurz loslassen um erneut zu drücken. Durch eine mehrfache Wiederholung wird ein Reiz viel eher verstärkt als durch Aufbau von immer mehr Druck. Zudem verhindern Sie durch diese Intervall-Hilfen, dass das Pferd Gegendruck aufbaut und sich immer weiter gegen Ihre Hilfe stemmt.

Um neue Hilfen (neue verbale Kommandos, neue Kombinationen oder neue Druckpunkte) zu etablieren sollten Sie sich immer auf Ihr schon bewährtes und bekanntes Hilfenrepertoire beziehen. Benutzen Sie eine bekannte Zügelhilfe um eine Ausweichreaktion auf den Schenkel zu unterstützen. Geben Sie ein verbales Kommando zur Unterstützung des Rückwärtsgehens usw.

Loben Sie viel (auch für minimale Ansätze in die richtige Richtung) und strafen Sie möglichst nicht, wenn Sie „Neuheiten" trainieren.

Grundsatz Eins

Wer auch immer sich mit dem Pferd beschäftigt, übernimmt die Verantwortung für das ihm anvertraute Lebewesen.

Grundsatz Zwei

Die Haltung des Pferdes muss seinen natürlichen Bedürfnissen angepasst sein.

Grundsatz Drei

Der physischen wie psychischen Gesundheit des Pferdes ist unabhängig von seiner Nutzung oberste Bedeutung einzuräumen.

Grundsatz Vier

Der Mensch hat jedes Pferd gleich zu achten, unabhängig von dessen Rasse, Alter und Geschlecht sowie Einsatz in Zucht, Freizeit oder Sport.

Grundsatz Fünf

Das Wissen um die Geschichte des Pferdes, um seine Bedürfnisse, sowie die Kenntnisse im Umgang mit dem Pferd sind kulturgeschichtliche Güter. Diese gilt es zu wahren und zu vermitteln und nachfolgenden Generationen zu übermitteln.

Grundsatz Sieben

Der Mensch, der gemeinsam mit dem Pferd Sport betreibt, hat sich und das ihm anvertraute Pferd einer Ausbildung zu unterziehen. Ziel jeder Ausbildung ist die größtmögliche Harmonie zwischen Pferd und Mensch.

Grundsatz Sechs

Der Umgang mit dem Pferd hat eine persönlichkeitsprägende Bedeutung gerade für junge Menschen. Diese Bedeutung ist stets zu beachten und zu fördern.

Grundsatz Acht

Die Nutzung des Pferdes im Reit-, Fahr- und Voltigiersport muss sich an seiner Veranlagung, seinem Leistungsvermögen und seiner Leistungsbereitschaft orientieren. Die Beeinflussung des Leistungsvermögens durch medikamentöse sowie nicht pferdegerechte Einwirkung des Menschen ist abzulehnen und muss geahndet werden.

Grundsatz Neun

Die Verantwortung des Menschen für das ihm anvertraute Pferd erstreckt sich auch auf das Lebensende des Pferdes. Dieser Verantwortung muss der Mensch stets im Sinne des Pferdes gerecht werden.

Quelle:

„Die ethischen Grundsätze des Pferdefreundes" wurden 1995 von der Deutschen Reiterlichen Vereinigung (FN) erarbeitet und vom Verbandsrat verabschiedet.

111

Pferde halten und ausbilden.

Kerstin Diacont
**Bodenarbeit
mit Pferden**
Der neue Weg, Pferde
selbst auszubilden und zu
korrigieren
Alle Aspekte der Boden-
arbeit – vom psycholo-
gischen Grundwissen über
das Pferdeverhalten bis zur
Ausbildungsanleitung mit
Übungen aus den Bereichen
Dressur und Westernreiten
sowie Beispielen zur Kor-
rektur verrittener Pferde.

Renate Ettl
**Pferde naturgemäß
und artgerecht halten**
Aus Liebe zum Pferd: die
verschiedenen Möglichkeiten
der artgerechten Haltung
unter Berücksichtigung der
natürlichen Bedürfnisse des
Pferdes, Weidewirtschaft,
Stallbau, Praxistips.

Jackie Budd
Pferde besser verstehen
Instinktverhalten und Evo-
lution des Pferdes, Charak-
terzüge und Verhaltens-
weisen, Lernverhalten und
Intelligenz, Ausbildung von
Körper und Geist.

John Lyons
und Sinclair Browning
**Pferdetraining
ohne Zwang**
Pferdeausbildung mit John
Lyons – Nummer eins der
Trainer in den USA: effektive Lerneinheiten nach
dem System der kleinen
Schritte – von der Round-
pen-Arbeit über die Bodenarbeit bis zur Ausbildung
des Pferdes in Dressur und
Gelände.